Los 150 mejores ejemplos
de copiar y pegar
en PHP8, JS y HTML5

Pedro Fortea Navarro

Acceda a www.marcombo.info
para descargar gratis
el contenido adicional
complemento imprescindible de este libro

Código: EJEMPLOS24

Los 150 mejores ejemplos de copiar y pegar en PHP8, JS y HTML5

Pedro Fortea Navarro

Los 150 mejores ejemplos de copiar y pegar en PHP8, JS y HTML5

© 2024 Pedro Fortea Navarro

Primera edición, 2024

© 2024 MARCOMBO, S. L.
www.marcombo.com

Ilustración de cubierta: Jotaká
Corrección: Rosa María Madera
Directora de producción: M.ª Rosa Castillo

ISBN: 978-84-267-3765-6
D.L.: B 3581-2024

Impreso en Servicepoint
Printed in Spain

Libro ecológico
Impreso con papel procedente de bosques gestionados de manera eficiente, libre de cloro.

Este libro se lo quiero dedicar a mis amig@s y familia, que me quieren y confían en mí; en especial, a mi pareja Laura, que siempre me anima en todo lo que emprendo en la vida.

¡Con mucho cariño os doy las gracias a todos!

Antes de comenzar a leer este libro

En este libro se utiliza la tipografía `Courier` en los casos en los que se hace referencia a código o acciones por realizar en el ordenador, ya sea en un ejemplo o cuando se refiere a alguna función mencionada en el texto. También se usa para indicar menús de programas, teclas, URL, grupos de noticias o direcciones de correos electrónicos.

Los términos y definiciones que se utilizan, mayormente en lengua inglesa, se mantienen en este libro en dicho idioma.

El código fuente de los ejemplos, así como todos los recursos didácticos y de programación, que se utilizan en este libro, podrán descargarse a medida que se avanza en la lectura.

Estos recursos están disponibles en www.marcombo.info con el código EJEMPLOS24.

Contenido

Prólogo

Bienvenido al libro *Los 150 mejores ejemplos de copiar y pegar en PHP8, JS y HTML5*. En este libro encontrarás una selección cuidadosa de ejemplos prácticos y listos para usar con tan solo "copiar & pegar" en tus proyectos de desarrollo web.

Este libro se centra, principalmente, en ejemplos en PHP8, pero también incluye una variedad de ejemplos muy útiles en JavaScript, HTML5 y CSS. Hemos reunido los 150 mejores ejemplos en estas tecnologías para brindarte una base sólida y versátil para tu desarrollo web.

Cada ejemplo ha sido diseñado para ser claro y conciso, permitiéndote copiar y pegar el código directamente en tus proyectos sin complicaciones innecesarias. Hemos seleccionado ejemplos que son fácilmente comprensibles y aplicables en diferentes contextos del desarrollo de una página web.

Dentro de estas páginas encontrarás ejemplos en PHP8, JavaScript y Html5 que abarcan desde el manejo de datos y la generación de contenido dinámico, hasta la interacción con bases de datos y la implementación de funciones avanzadas. También hemos incluido ejemplos en JavaScript para agregar interactividad y dinamismo a tus sitios web, ejemplos en HTML5 para estructurar y presentar tu contenido, y ejemplos en CSS para estilizar y dar vida a tus diseños.

El título *Los 150 mejores ejemplos de copiar y pegar en PHP8, JS y HTML5* refleja nuestra intención de proporcionarte una amplia gama de soluciones en diferentes aspectos del desarrollo web. Creemos que la combinación de estas tecnologías te permitirá crear proyectos web completos y atractivos.

Agradecemos tu interés en este libro y esperamos que encuentres *Los 150 mejores ejemplos de código en PHP8, JavaScript, HTML5 y CSS* muy útil para tus proyectos de desarrollo web. Te invitamos a utilizar estos ejemplos como punto de partida, adaptarlos a tus necesidades específicas y combinarlos con tus propias ideas para lograr resultados impactantes.

Sin más preámbulos, te invitamos a explorar los ejemplos de código y a disfrutar de las infinitas posibilidades que este libro tiene para ofrecerte.

¡Feliz codificación y que tengas mucho éxito en tus proyectos de desarrollo web!

Pedro Fortea Navarro

Introducción al lenguaje PHP

Para usar la guía no es necesario tener conocimientos previos del lenguaje, ya que, desde el inicio, la guía, a modo de sencillos ejemplos, te enseñará a iniciarte en el lenguaje del PHP.

Pero, por lo contrario, si tienes un nivel medio o avanzado en el lenguaje, la gran recopilación de ejemplos te será de valiosa ayuda y soporte, que seguro agradecerás en algún momento a la hora de programar tus páginas web.

En la guía podrás encontrar desde ejemplos sencillos como...

✓ **Cómo obtener la hora del servidor.**

✓ **Enviar el valor de una variable entre dos archivos PHP.**

A ejemplos mucho más avanzados:

✓ **Crear un archivo en PHP.**

✓ **Cómo subir una imagen a una base de datos.**

La guía no pretende ser un libro de aprendizaje "clásico" de PHP, sino el dar solución a esos programadores que, como yo, han buscado "desesperadamente" esa rutina o función que, sin más, nos ayude a desatascarnos a la hora de programar nuestras páginas web.

¿Qué encontrarás en esta guía?

Una recopilación de ejemplos propios y recopilados de Internet, que, en algún momento de mi vida programando en PHP, me han "salvado" y desatascado o solucionado el problema e, incluso, mejorado el proyecto web.

¿Cómo se usa la guía?

La guía está ordenada por categorías y en ella encontrarás los respectivos códigos de ejemplo con un título descriptivo del ejemplo. Como he mencionado anteriormente, la guía no pretende dar una explicación exhaustiva de cada ejemplo, sino la de solucionar esa necesidad o resolver ese "atasco" en el que te encuentras o ese código que te gustaría implementar en la web que diseñas para mejorarla.

Los ejemplos están simplificados para que ocupen las menores líneas de código posible. Registrándote en la web, *que más adelante* menciono, podrás descargarte los códigos y fuentes de la guía para que no tengas que teclearlos y, simplemente, buscándolos puedas hacer uso de ellos.

Introducción y sintaxis básica del lenguaje

PHP es un lenguaje de scripting *(los scripts son un conjunto de instrucciones, generalmente almacenadas en un archivo de texto, que deben ser interpretados línea a línea en tiempo real para su ejecución. Se distinguen de los programas, pues deben ser convertidos a un archivo binario ejecutable para correrlos).*

Server-side se ejecuta en el servidor, por lo tanto, no se necesitan compatibilidades particulares o estándar, definidos por otros, como el ejemplo más clásico del JavaScript.

Abre un editor de textos como, por ejemplo, WordPad de Windows y escribe alguno de estos ejemplos, siguiendo los pasos que te indico más adelante.

Tres ejemplos básicos de estructura y sintaxis serian:

1.ª Estructura:

```
<html>
<body>
<?php    // Inicio el código Php
  echo "Hola, mundo";  // la instrucción que muestra en pantalla el mensaje
// Finalizo el código Php ?>
</body>
</html>
```

2.ª Estructura:

```
<html><body> <? echo "Hola, mundo"; ?> </body></html>
```

3.ª Estructura:

```
<?php
  echo "Hola, Mundo";
?>
```

(Personalmente, es la que suelo usar más a menudo).

Escoge uno de los ejemplos anteriores y guárdalos como index.php. Es importante guardarlo con el nombre y extensión que te indico para que el servidor los reconozca y ejecute.

Recuerda que para que el archivo php funcione, debe estar subido a un servidor o haberte instalado previamente un servidor en el ordenador (ejemplo: apache server).

Suponiendo que lo has subido a un servidor público con el nombre de dominio (ejemplo: www.pruebasphp.com), con tan solo escribir en el navegador la URL debería aparecer en la pantalla el siguiente mensaje:

"Hola, mundo".

Si es así, podemos decir que has hecho tu primer ejemplo en PHP y podemos seguir.

En este mensaje mostramos el valor de una variable llamada ($mensaje):

```php
<?php
$mensaje="Hola, mundo"; // la variable ($mensaje) almacena
temporalmente "Hola, mundo"
echo "El resultado de la variable es ".$mensaje;
?>
```

Debería aparecer el mismo mensaje que en el ejemplo anterior.

Hola, mundo

Aquí podemos ver cómo se realiza un cálculo de suma con variables.

```php
<? $numero = 100; $numero = $numero + 1; echo "$numero"; ?>
```

El resultado en pantalla sería:

101

Otro ejemplo muy importante en la estructura del lenguaje es el envío de variables de un formulario (HTML) a un archivo PHP.

Los métodos son dos: POST y GET.

El método POST envía el valor codificado.

El método GET envía el valor por URL.

Lo primero que haremos es crear un formulario en HTML, con el nombre formulario.html y escribiremos el siguiente código:

```
<form action="recojo.php" method="POST"> NAME: <input type="text"
name="nombre"> EMAIL: <input type="text" name="mail"> <input type="submit"
value="enviar datos"> </form>
```

Ahora creamos un archivo con el nombre recojo.php e introducimos el siguiente código:

```
<?php
 $nombre=$_POST["nombre"];
 $mail=$_POST["mail"];
 echo"Nombre: ".$nombre;
 echo"Mail: ".$mail;
?>
```

Si sustituimos POST por GET, los valores de las variables pasarán por la URL. Los enteros se pueden especificar usando una de las siguientes sintaxis:

```
$numero = 1234; //número decimal

$numero = -123; //un número negativo

$numero = 0123; //número octal (equivalente al 83 decimal)

$numero = 0x12; //número hexadecimal (equivalente al 18 decimal)
```

Estos sencillos ejemplos nos sirven para introducirnos en el lenguaje y su sintaxis básica de trabajo.

CÓDIGOS DE LA GUÍA

01 - Operaciones básicas

```php
<?php
$num1=10; $num2=2;
echo $num1+$num2;
echo $num1-$num2;
echo $num1*$num2;
echo $num1/$num2;
?>
```

02 - Calcular el IVA

```php
<?php
$cantidad = 2000;
$tanto = 18;
echo "El 18% de IVA de " . $cantidad . " es = " . ($cantidad * $tanto) / 100 . "<br>";
                        // <br> se utiliza para un salto de línea en HTML
echo "Total + 18% IVA = " . ($resul = ($cantidad * $tanto) / 100 + $cantidad);
                        // sumamos el IVA y la cantidad
?>
```

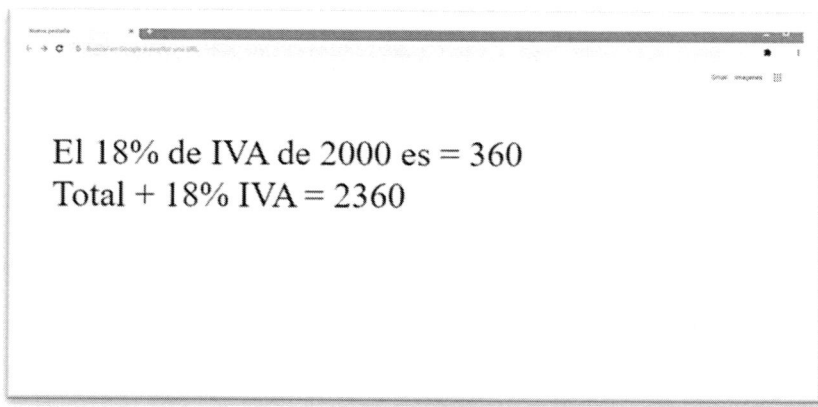

03 - Calcular el salario

```php
<?php
$SalarioTrabajador = 1500;

$Impuesto = 18; // Porcentaje

$SueldoReal = $SalarioTrabajador - (($SalarioTrabajador / 100) * $Impuesto);

echo "Sueldo del trabajador sin impuesto: $SalarioTrabajador<br>";

echo "Con el impuesto: $SueldoReal";

?>
```

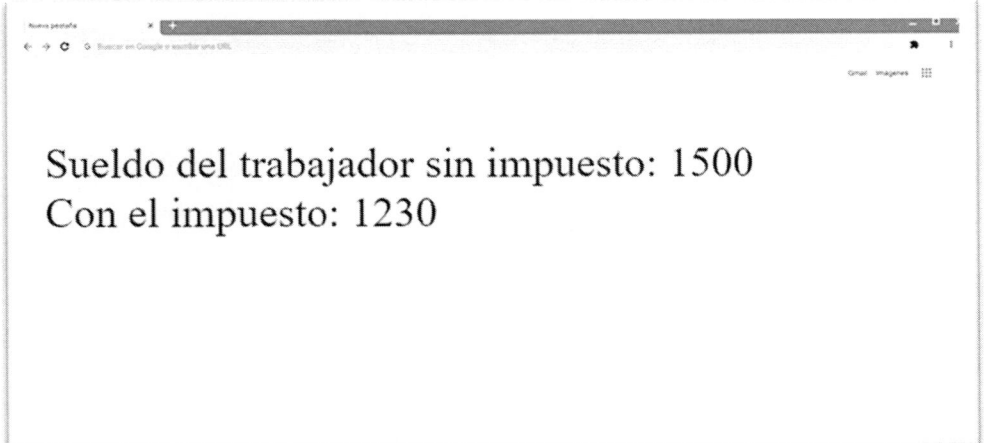

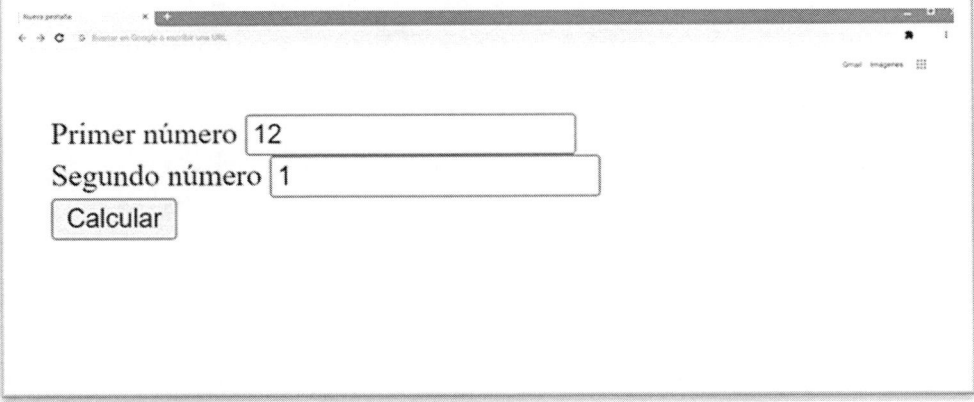

04 - Cálculos preferentes

```php
<?php
echo 3 + 16 * 14; // Multiplica 16*14 = 224 y suma 3;
echo "<br>"; // retorno de carro
echo 8 + 7 * 3 + 4 * 6; // Primero hace las multiplicaciones 7*3 y 4*6 y
                        // suma 8
?>
```

05 - Cálculos con formulario por método POST

Creamos un archivo "formulario.html" con el formulario:

```html
<html>
<head>
<title>Formulario método post</title>
</head>
<body>
<form action="calculos.php" method="POST">
Primer número
```

```html
<input type="text" name="pnumero" size="20"><br>
Segundo número
<input type="text" name="snumero" size="20"><br>
<input type="submit" value="Calcular">

</body>
</html>
```

Creamos un archivo "recibo.php":

```php
<html>
<head>
<title>Recibo datos</title>

<?php
$pnumero = $_POST["pnumero"];
$snumero = $_POST["snumero"];
echo "Suma = " . ($pnumero + $snumero) . "<br>";
echo "Resta = " . ($pnumero - $snumero) . "<br>";
echo "Multiplicacion = " . ($pnumero * $snumero) . "<br>";
echo "Division = " . ($pnumero / $snumero) . "<br>";
?>

</head>
<body>
```

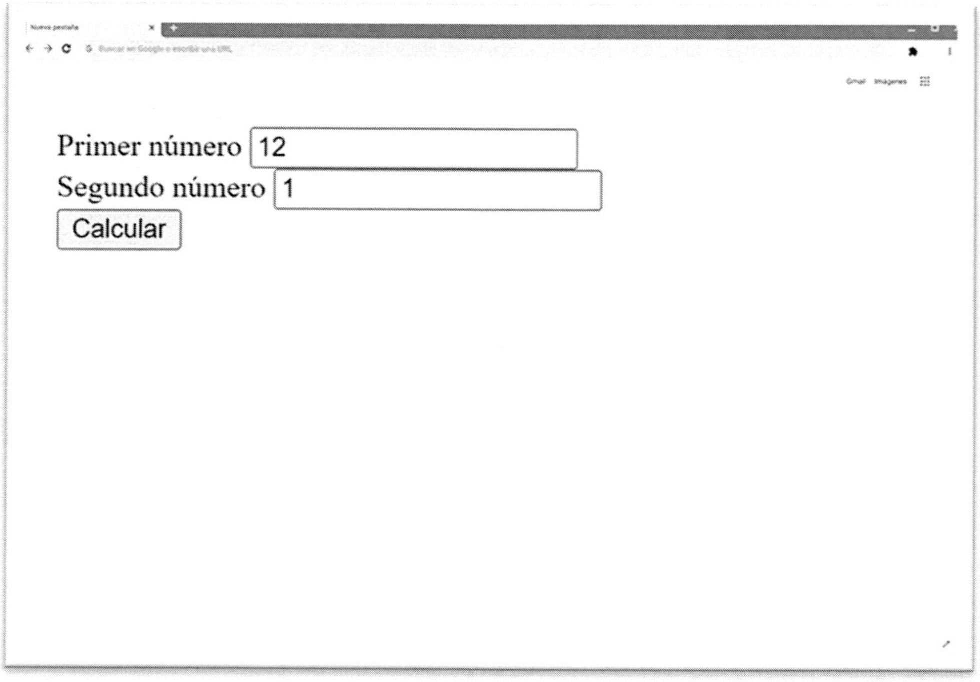

Primer número [12]
Segundo número [1]
[Calcular]

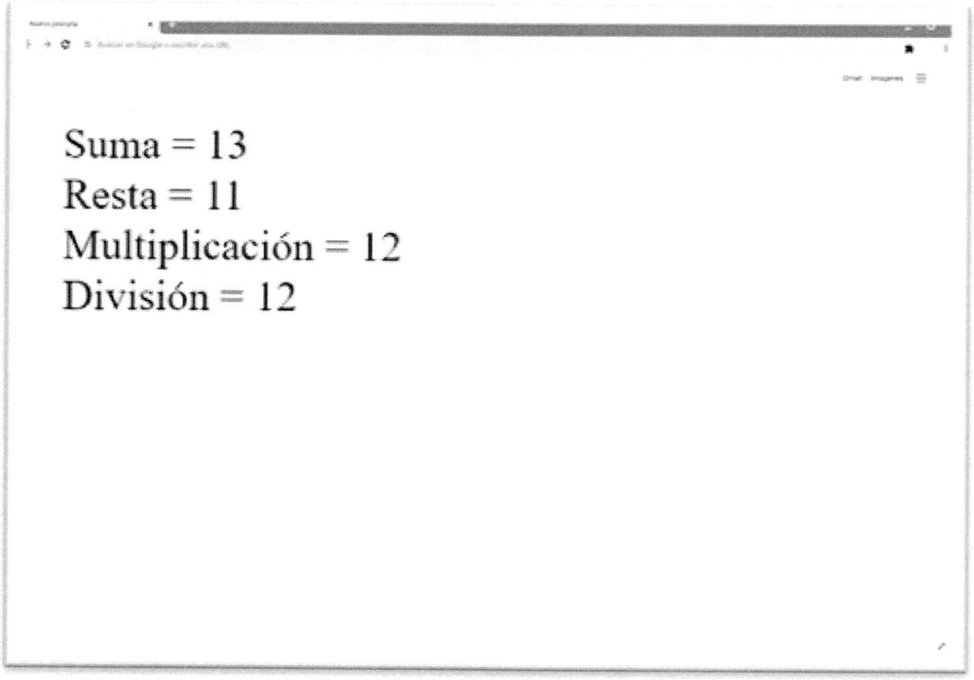

Suma = 13
Resta = 11
Multiplicación = 12
División = 12

06 - Calcular el tiempo que tarda una web en cargar

```php
<!-- Colocar este script al comienzo de la página -->
<?php
$mtime = microtime();
$mtime = explode(" ",$mtime);
$mtime = $mtime[1] + $mtime[0];
$tiempoinicial = $mtime;
?>

<!-- Comienzo del código del sitio -->
<html>
 ...
 </html>

 <!-- Ubicar este script al final de la página -->
<?php
$mtime = microtime();
$mtime = explode(" ",$mtime);
$mtime = $mtime[1] + $mtime[0];
$tiempofinal = $mtime;
$tiempototal = ($tiempofinal - $tiempoinicial);
echo "La página fue creada en ".$tiempototal." segundos";
?>
```

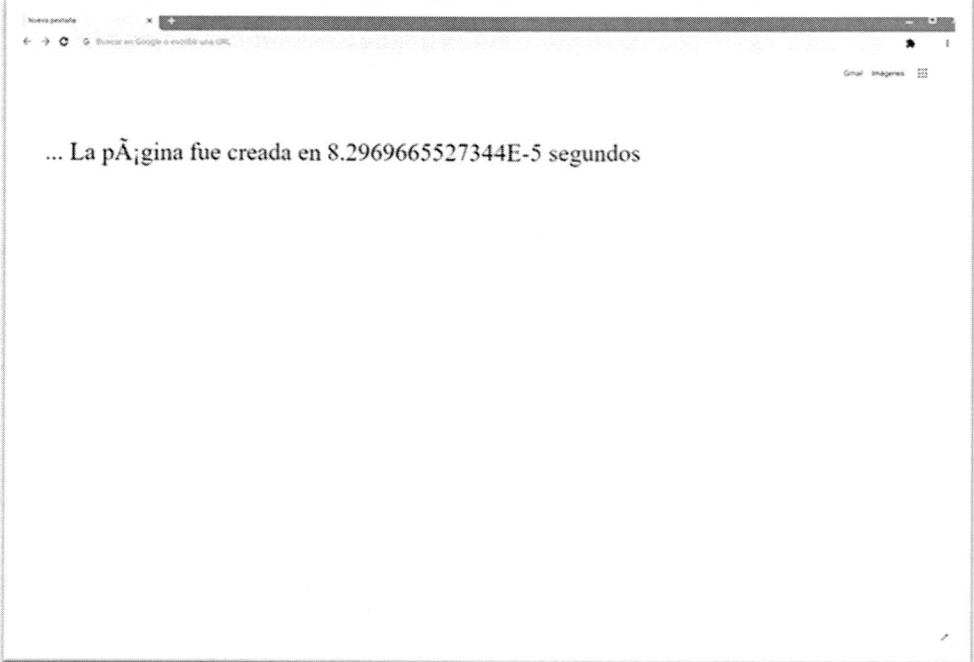

07 – Detectar el idioma del usuario que accede a la web

```php
<?php
//Detecta y saluda en el idioma del usuario que visita en mi web
$mi = $_SERVER['HTTP_ACCEPT_LANGUAGE'];
if (strpos($mi, 'es') === 0) {
echo "Bienvenido a mi página web";
} else {
echo "Welcome to my page web";
}
?>
```

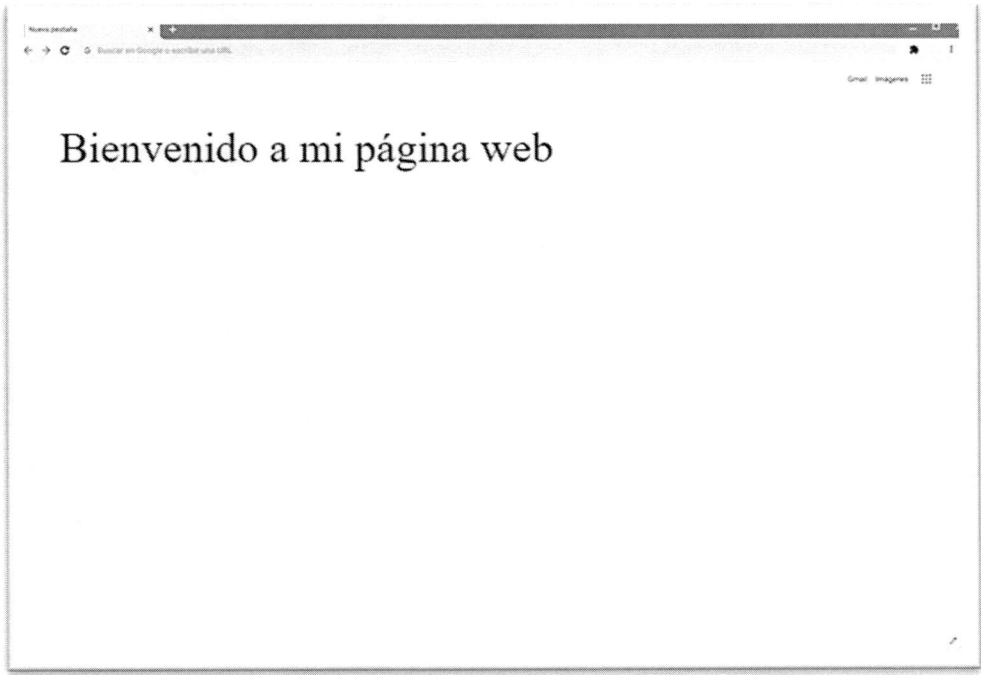

08 – Detectar el navegador del que accede a la web

```php
<?php
$useragent = $_SERVER['HTTP_USER_AGENT'];
echo "<b>Tu navegador es</b>: " . $useragent;
?>
```

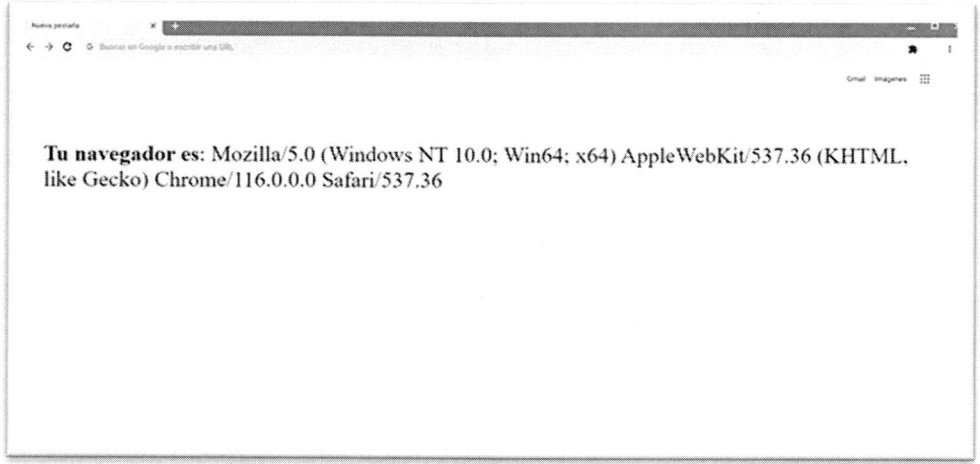

09 – Detectar la resolución de la pantalla

```php
<?php
if (!isset($_GET['r'])) {
echo "<script language=\"JavaScript\">
document.location=\"$PHP_SELF?r=1&Ancho=\"+screen.width+\"&Alto=\"
+screen.height;
</script>";
} else {
    if (isset($_GET['Ancho']) && isset($_GET['Alto'])) {
    // Código a mostrar en caso de que se detecte la resolución de la pantalla
    } else {
    // Código a mostrar en caso de que no se detecte la resolución de la pantalla
    }
}
echo "La resolución es: " . $_GET['Ancho'] . " X " . $_GET['Alto'];
?>
```

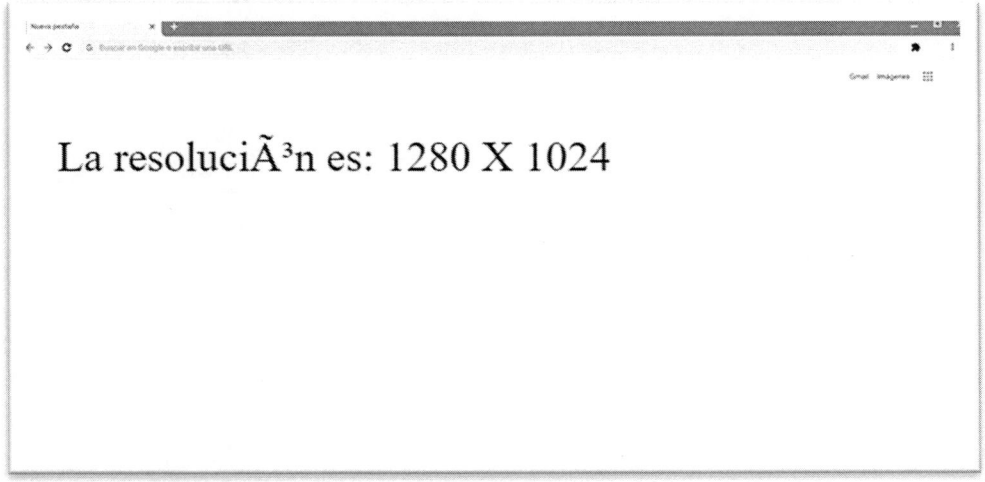

10 – Detectar la IP del usuario

```php
<?php
$mi=getenv("REMOTE_ADDR");

echo "Tu IP es" .$mi;

?>
```

11 – Detectar la hora del servidor

```php
<?php
/*Obtener la hora actual del servidor de Europe/Madrid útil
si la web está alojada en un servidor extranjero*/

$timezone = "Europe/Madrid";
date_default_timezone_set($timezone);
echo $timezone;
//*********************HORA DÍA REFERENCIA
$instante = time();
$hora = date('H:i:s'); // Hora del servidor
echo $instante . "<br>";
echo $hora . "<br>";?>
```

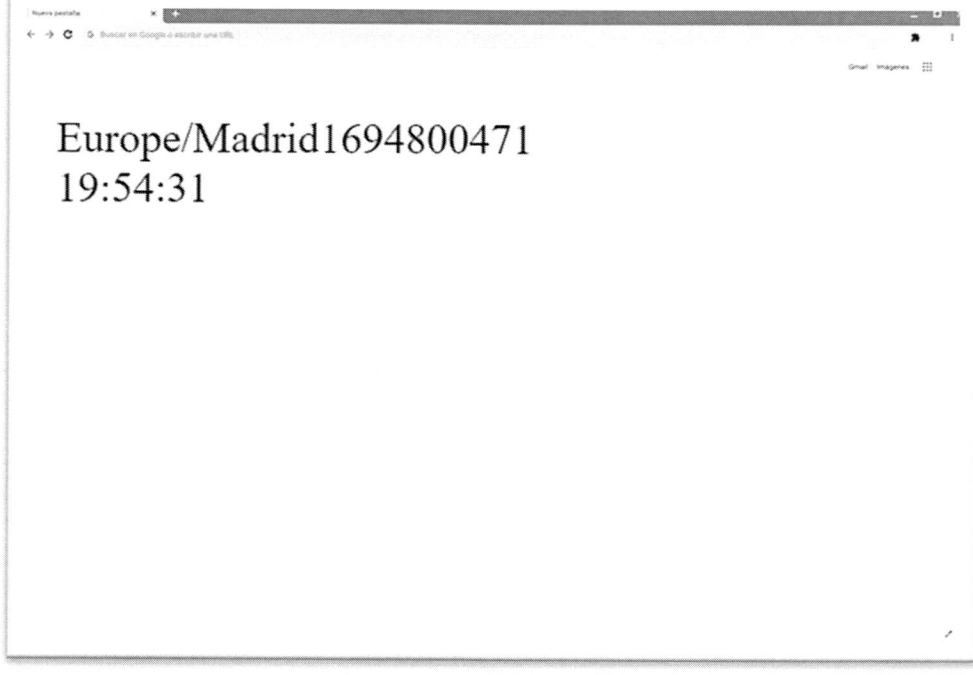

12 – Detectar la URL

```php
<?php
$url = $_SERVER['HTTP_HOST'];
echo 'Estás en '.$url;
?>
```

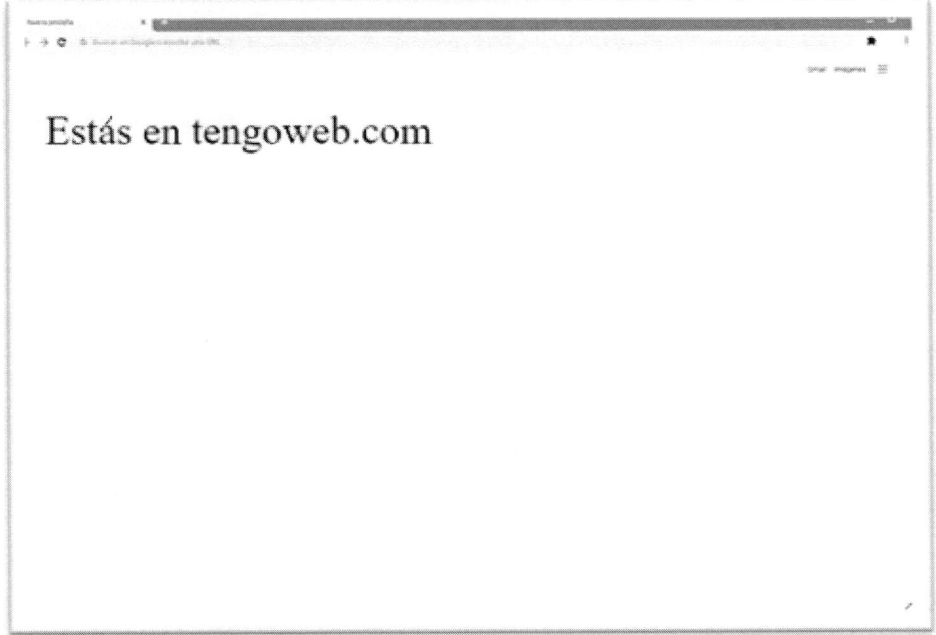

13 – Detectar el nombre del usuario del dominio del servidor

```php
<?php
//usuario del servidor
get_current_user();

$username = get_current_user();
echo "USUARIO: ".$username;
?>
```

14 – Ver la fecha y la hora

```php
<?php
// Hora en Madrid (España)
putenv('TZ=Europe/Madrid');
$hora_espana = date("H:i:s");
// Hora en Los Angeles, California (USA)
putenv('TZ=America/Los_Angeles');
$hora_los_angeles = date("H:i:s");
// Segundos transcurridos desde el 01-01-1970
$utc = time();

// Una forma de expresar la fecha
$fecha1 = date("d-m-Y H:i");

// Otra forma de expresar la fecha
$fecha2 = date("l F d-m-Y H:i:s");

// Semana del año
$semana_anio = date ("W");
```

```php
// Día del año
$dia_anio = date ("z");
echo "
En Madrid la hora es: $hora_espana <br>
En Los Ángeles la hora es: $hora_los_angeles <br>
Segundos desde 01-01-1970: $utc <br>
Una forma de presentar la fecha y hora: $fecha1 <br>
Otra forma de expresar la fecha y hora: $fecha2 <br>
Estamos en la semana $semana_anio del año <br>
Hoy es el día $dia_anio del año <br>
";
?>
```

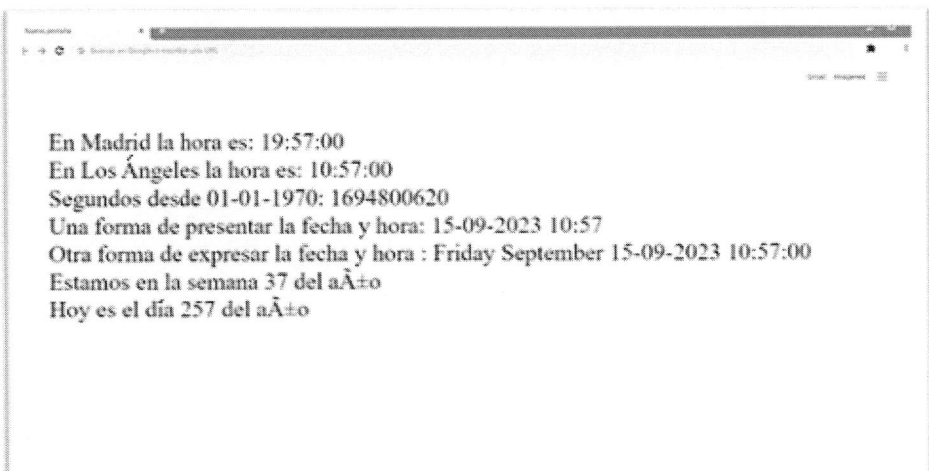

15 – Ver fecha actual

```php
<?php
// Fecha actual
$instante=time();
echo "La fecha es: ".strftime("%d/%m/%Y", $instante);
?>
```

16 – Hora condicionada if

```php
<?php
$instante=time();
echo "La fecha es:".strftime("%d/%m/%Y", $instante)."<br>";
echo "La hora es:".strftime("%H:%M:%S", $instante)."<br>";
if(strftime("%H:%M:%S", $instante)<="12:31:15"){
echo"HORA?";
}else{
echo "Si se cumple: ".strftime("%H:%M:%S", $instante);
}
?>
```

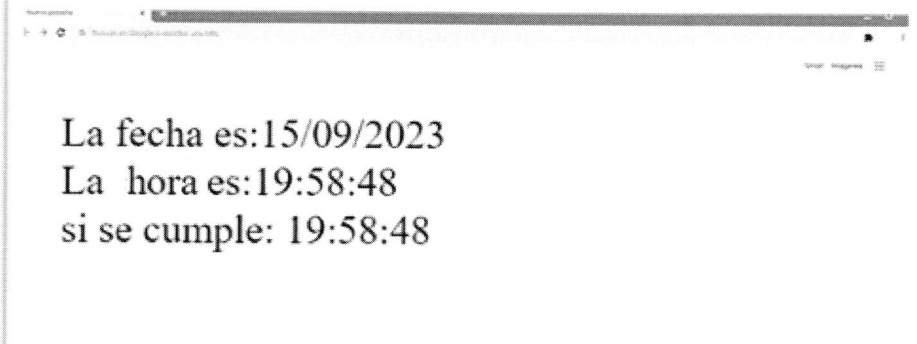

17 – Crear y leer una cookie

```php
<?php
// Crear una cookie
$datos = 'Hola, Mundo';
setcookie("yo",$datos);
?>
<?php
// Leer la cookie
echo $HTTP_COOKIE_VARS["yo"];
echo $_COOKIE["yo"];
?>
<html>
<head>
<title>Test cookie</title>
</head>
<body>
<h1>Se ha creado la cookie</h1>
</body>
</html>
```

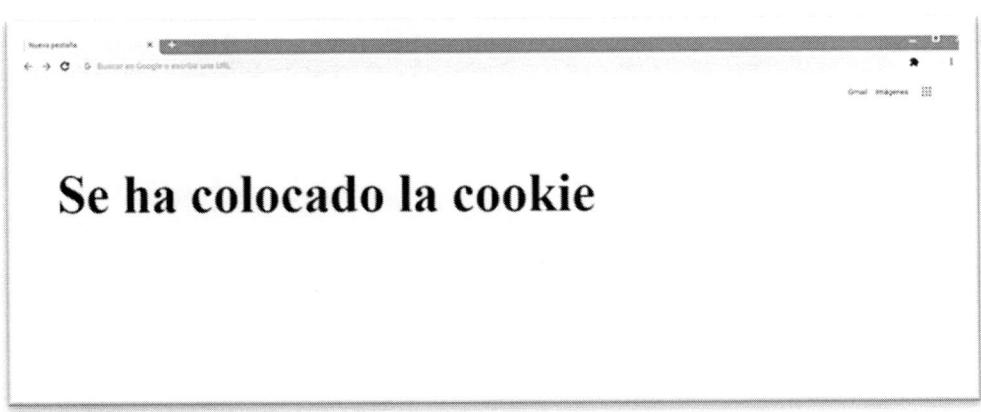

Hola, Mundo

18 – Eliminar una cookie

```html
<html>
<head>
<meta http-equiv="Content-Type" content="text/html; charset=utf-8" />
<title>Eliminar cookie</title>
</head>
<?php
$expiryTime = time() - (365 * 24 * 60 * 60); // 1 año en segundos
setcookie("miCookie", "", $expiryTime, "/");
?>
<body>
</body>
</html>
```

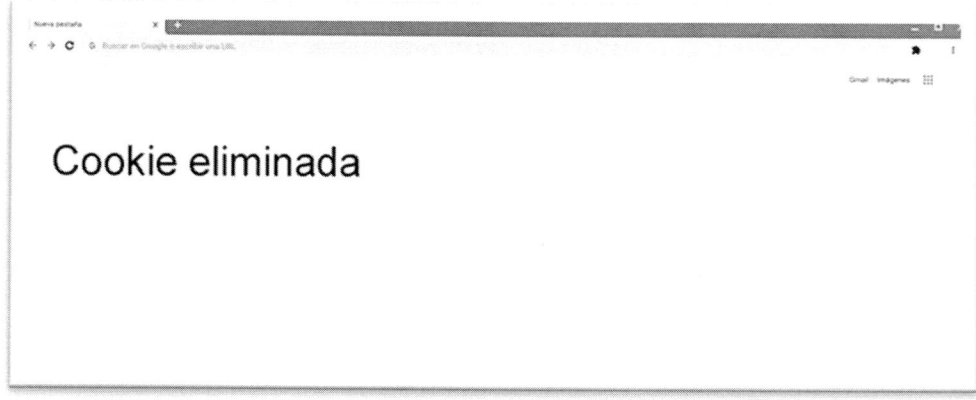

Cookie eliminada

19 – Listar todas las cookies

```php
<?php
// Leo la cookie ejemplo "autentificado"
echo $HTTP_COOKIE_VARS["autentificado"];
echo $_COOKIE["autentificado"]."<br><br>";

// Listar todas las cookies del navegador
if(isset($_COOKIE) && !empty($_COOKIE)) {
    echo "Cookies disponibles en el navegador: <br>";
    foreach ($_COOKIE as $nombre => $valor) {
        echo $nombre . " : " . $valor . "<br>";
    }
} else {
    echo "No se encontraron cookies en el navegador.";
}
?>
```

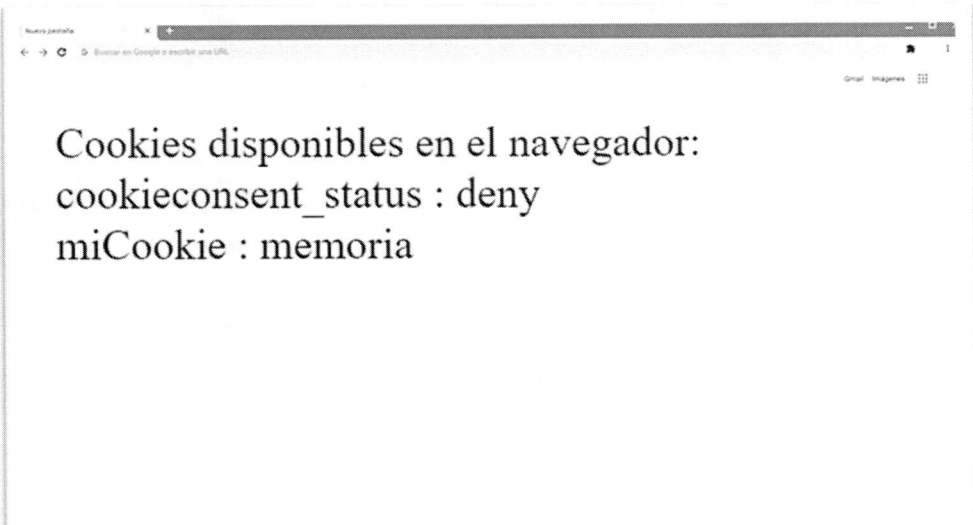

20 – Crear una cookie por método POST

Creamos un archivo "formulario.html" con el formulario:

```html
<html>
<head>
<meta http-equiv="Content-Type" content="text/html; charset=utf-8" />
<title>Crear cookie POST</title>
</head>
<form action="crear.php" method="post">
<!-- Tus elementos de formulario aquí -->
<input type="text" name="miVariable" value="Valor predeterminado">
<input type="submit" value="Enviar">
</form>
<body>
</body>
</html>
```

Creamos un archivo "crear.php":

```php
<html>
<head>
<meta http-equiv="Content-Type" content="text/html; charset=utf-8" />
<title>Crear cookie POST</title>
</head>
<body>

<?
// Obtener el valor del campo de formulario "miVariable" enviado por POST
$miVariable = $_POST["miVariable"];

// Establecer una cookie con el valor del campo de formulario y una fecha
// de vencimiento en el futuro (por ejemplo: 1 año)
$expiryTime = time() + (365 * 24 * 60 * 60); // 1 año en segundos
setcookie("miCookie", $miVariable, $expiryTime, "/");
?>

</body>
</html>
```

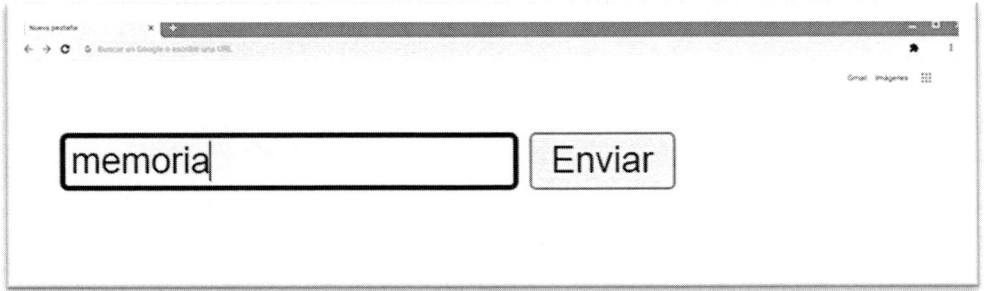

21 – Crear un contador de visitas con cookie

Creamos un archivo "escribir_cookie.php" con el formulario:

```php
<?php
setcookie("dat", "12", time() + 3600); // Caduca después de una hora
?>
```

Creamos un archivo "leer_cookie.php":

```php
<?php
if (isset($_COOKIE["dat"])) {
   $sum = $_COOKIE["dat"];
   echo "Valor actual de la COOKIE = " . $sum . "<br>";

   if ($sum == 0) {
      echo "La COOKIE no está creada";
      exit;
   }

   echo "El valor de SUM es = " . $sum . "<br>"; // Valor recogido
   echo "Después de dar SUM = DAT, la cookie = " . $sum . "<br>";
   echo "Valor de la cookie = " . $sum . "<br>";
   echo "Contador = " . ($sum = $sum + 1); // Creo un contador

   setcookie("dat", $sum); // Guardo la cookie con un valor incrementado

   echo "<br><br>COOKIE GUARDADA = " . $sum . "<br>"; // Muestro el nuevo
                                                      // valor guardado
} else {
```

```
    echo "La COOKIE no está creada";
?>
```

22 - Cadenas de texto

Creamos un archivo "formulario.html" con el formulario:

```
<html>
<head>
<title>Formulario de entrada de datos</title>
</head>
<body>
<form method="post" action="resultado.php">
<P><strong>Introduce el texto:</strong><br>
<textarea name="text" COLS=45 rows=5 wrap=virtual></textarea>
</p>
<P><strong>Funciones de Cadena:</strong><br>
<input type="radio" name="func" value="md5" checked> Obtener md5<br>
<input type="radio" name="func" value="strlen"> Obtener la longitud de la cadena<br>
<input type="radio" name="func" value="strrev"> Obtener cadena Inversa<br>
<input type="radio" name="func" value="strtoupper"> Hacer la cadena en mayúsculas<br>
< input type ="radio" name="func" value="strtolower"> Hacer la cadena en minúsculas<br>
< input type ="radio" name="func" value="ucwords"> Hacer las primeras letras mayúsculas</p>
```

```
<P>< input type="submit" name="submit" value="Mostrar Resultados"></p>
</form>
</body>
</html>
```

Creamos un archivo "resultado.php":

```php
<?php
$a = $_POST["func"];
$texto = $_POST["text"];
if ($a == "") {
    echo "has de hacer la selección";
    exit;
}
$result = $a($texto);
echo $result;
?>
```

23 – Ver frases aleatorias rand

```php
<?php
// Completamos el vector con frases
$vector = array(
1 => "Nada nuevo hay bajo el sol, pero cuántas cosas viejas hay que no
conocemos.",
2 => "El verdadero amigo es aquel que está a tu lado cuando preferiría
estar en otra parte.",
3 => "La sabiduría es la hija de la experiencia.",
4 => "Nunca hay viento favorable para el que no sabe hacia dónde va.",
);
// Obtenemos un número aleatorio
$numero = rand(1,4);
// Imprimimos la frase
echo "$vector[$numero]";
?>
```

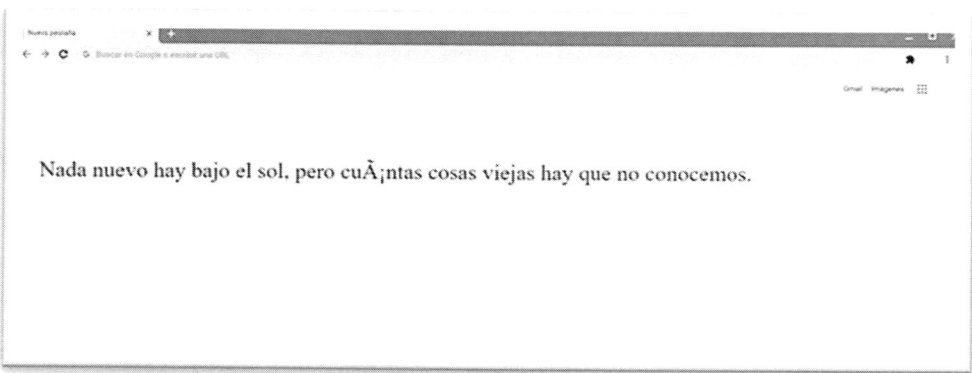

24 – Cambiar el título de la ventana del navegador

```html
<head>
<meta http-equiv="Content-Type" content="text/html; charset=utf-8" />
<title>Documento sin título</title>
</head>
```

```php
<?php
/* Escribimos el título de la ventana deseado y con un script de JavaScript
y mezclando PHP lo mandamos cambiar */
```

```php
$nombre_titulo="los mejores ejemplos en PHP"; // título de la ventana
                                               // de Windows
?>

<script language="JavaScript">
window.document.title = "<? echo $nombre_titulo; ?>"
</script>
<body>
</body>
</html>
```

25 – Contador 24 horas

```php
<?php
$timezone = "Europe/Madrid";// detecto la hora local
date_default_timezone_set ($timezone);
echo "Contador: tiempo restante que queda para las 23:59:59 de hoy". "<br>";
$year = date("y");
$month= date("m");
$day = date("d");
$hour = '23';
$minute = '59';
$second = '59';
//Countdown Function
function countdown($year, $month, $day, $hour, $minute, $second)
{
  global $return;
  global $countdown_date;
  $countdown_date = mktime($hour, $minute, $second, $month, $day, $year);
  $today = time();
  $diff = $countdown_date - $today;
  if ($diff < 0)$diff = 0;
  $dl = floor($diff/60/60/24);
  $hl = floor(($diff - $dl*60*60*24)/60/60);
  $ml = floor(($diff - $dl*60*60*24 - $hl*60*60)/60);
```

```php
  $sl = floor(($diff - $dl*60*60*24 - $hl*60*60 - $ml*60));
// OUTPUT
////echo "Today's date ".date("F j, Y, g:i:s A")."<br/>";
////echo "Countdown date ".date("F j, Y, g:i:s A",$countdown_date)."<br/>";
////echo "\n<br>";
$return = array($dl, $hl, $ml, $sl);
return $return;
}


countdown($year, $month, $day, $hour, $minute, $second);
list($dl,$hl,$ml,$sl) = $return;
// echo "Countdown ".$dl." days ".$hl." hours ".$ml." minutes ".$sl." seconds
left"."\n<br>";
//echo $hl." hours ".$ml." minutes ".$sl." seconds left"."\n<br>";
 if ($hl == 1)$hl="01";
 if ($hl == 2)$hl="02";
 if ($hl == 3)$hl="03";
 if ($hl == 4)$hl="04";
 if ($hl == 5)$hl="05";
 if ($hl == 6)$hl="06";
 if ($hl == 7)$hl="07";
 if ($hl == 8)$hl="08";
 if ($hl == 9)$hl="09";


$fichero = fopen("tiempo.txt","w");
$horas = "&mimensaje=".$hl."&";
$minutos = "&minuts=".$ml."&";
$segundos = "&segund=".$sl."&";

// grabando los campos
fputs($fichero, $horas."\n");
fputs($fichero, $minutos."\n");
```

```
fputs($fichero, $segundos."\n");


//cerrando archivo
fclose($fichero);
echo "Horas " . $hl . " minutos " . $ml ." segundos " . $sl;
echo "\n<br>"; // hace un retorno de carro para separar enunciados
echo "El tiempo se ha guardado en el servidor para poder usarlo en otro
momento, en el archivo (tiempo.txt)";
?>
```

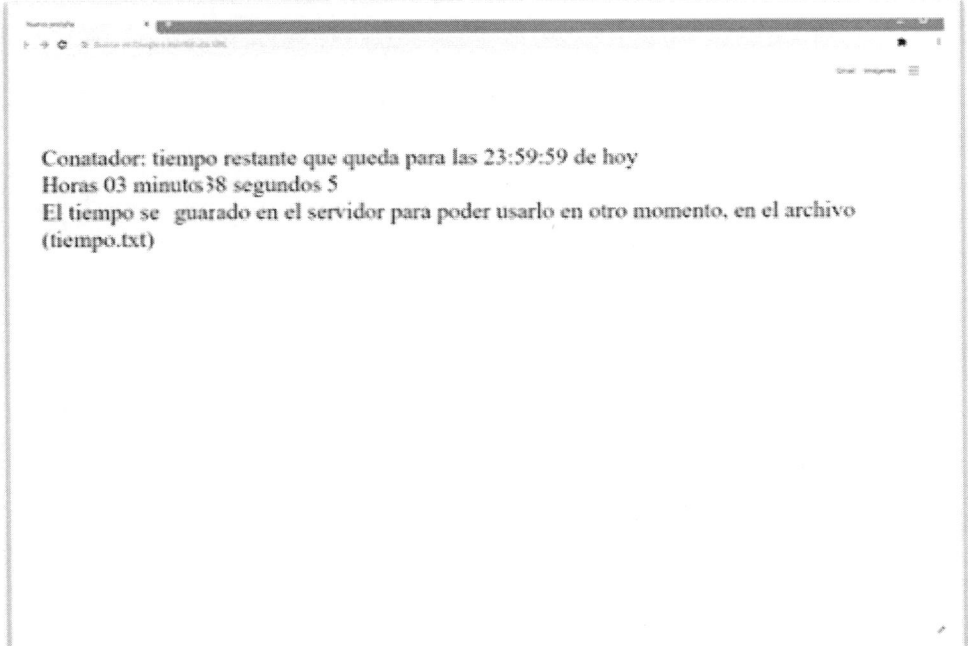

26 – Función sleep

```php
<?php
// Cinco segundos y muestra el mensaje
echo "Espera cinco segundos y muestra el mensaje <br>";
sleep(5);
```

```
/* Include - permite incluir un segundo archivo de código fuente
dentro del actual */
echo "Hola, mundo";
?>
```

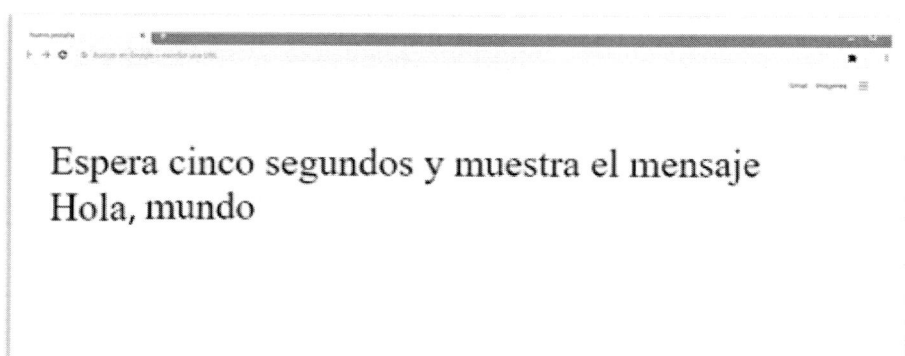

27 – Header, redirigir página web

```
<?php
header("HTTP/1.1 301 Moved Permanently");
header("Status: 301 Moved Permanently");
header("Location: http://www.google.com/");
exit(0); // Esto es opcional, pero se sugiere para evitar cualquier salida
accidental ?>
```

28 – Header, enviar el valor de dos variables

Creamos un archivo "enviar.php" con el formulario:

```
<?php
$cliente="Pedro";
$edad="35";
header("Location: recibir.php?VarCliente=$cliente&VarEdad=$edad");
exit();
?>
```

Creamos un archivo "recibir.php":

```php
<?php
$cliente = $_GET["VarCliente"];
$edad = $_GET["VarEdad"];
echo "Nombre de cliente:".$cliente."<br>";
echo "Edad cliente:".$edad."<br>";
?>
```

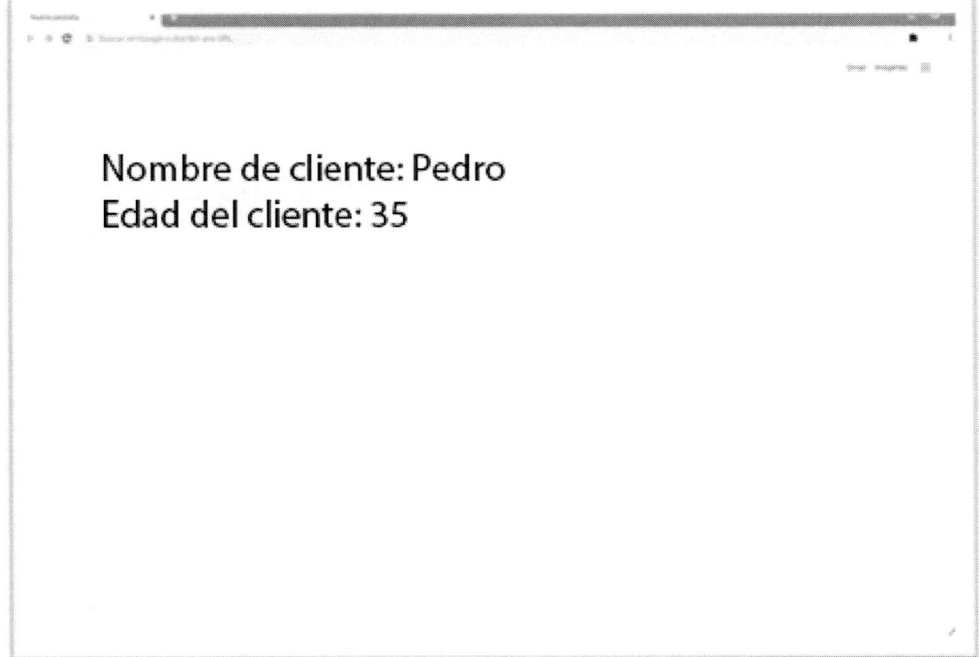

Nombre de cliente: Pedro
Edad del cliente: 35

29 – Web referida

```php
<?php
/* Cuando quieres que una página solo se abra si es referida por otra en particular por ej: contacto.php y enviar contacto.php, esta última encargada de enviar por mail los datos y solo se debe ejecutar si es llamada por contacto.php que contiene el formulario, debes poner en el inicio de la page el siguiente script: */
```

```php
if(!($_SERVER["HTTP_REFERER"]=="http://www.guiaphp.com" )){
echo "no puedes acceder a esta página desde aquí";
exit(); // salir del sprit
};
?>
```

30 – Ejemplo con funciones

```php
<?php
//Ejemplo 1 básico
function saluda($a){
    echo $a .": Bienvenido a PHP .<BR>";
}
echo saluda("PEDRO");

//***********************

//Ejemplo 2 con cálculos
function media($a,$b){
    return($a+$b)/2;
}
echo "La media es ".media(10,2)."<br>";
?>
```

PEDRO: Bienvenido a PHP .
La media es 6

31 – Función randomize

```
<html>
<head>
    <title>Randomize</title>
</head>
<body>
<?php
for($a=0;$a<10;$a++){
    $numero=rand(0,100);
    echo "El número aleatorio es: $numero <BR>";
}
?>
</body>
</html>
```

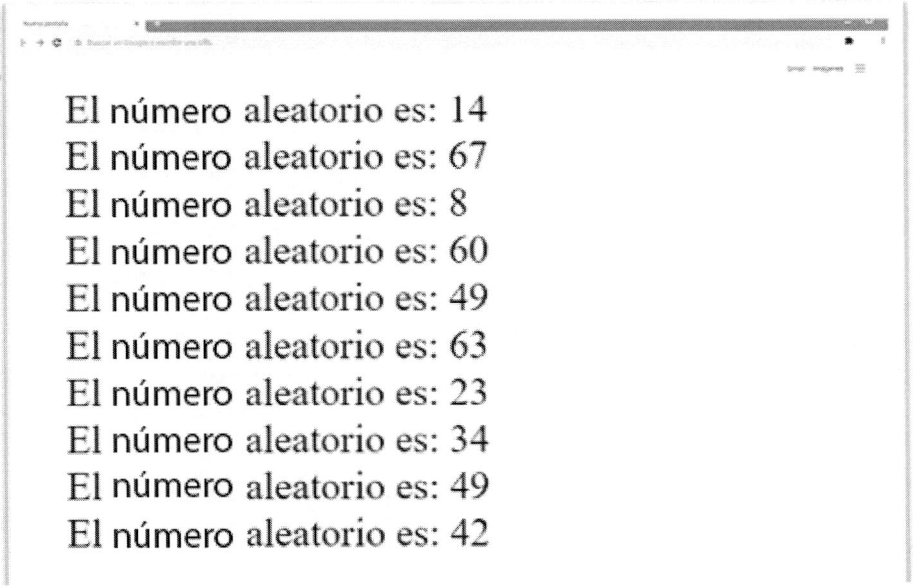

El número aleatorio es: 14
El número aleatorio es: 67
El número aleatorio es: 8
El número aleatorio es: 60
El número aleatorio es: 49
El número aleatorio es: 63
El número aleatorio es: 23
El número aleatorio es: 34
El número aleatorio es: 49
El número aleatorio es: 42

32 – Randomize condicionado if

```
<?php
$numero = rand(1, 4);
echo "El número aleatorio es: $numero <br>";
```

```php
if ($numero == 1) {
    echo "es igual a 1";
    header("Location: 1.php");
} elseif ($numero == 2) {
    echo "es igual a 2";
    header("Location: 2.php");
} elseif ($numero == 3) {
    echo "es igual a 3";
    header("Location: 3.php");
} elseif ($numero == 4) {
    echo "es igual a 4";
    header("Location: 4.php");
}
```

```php
exit(); // Esta línea es opcional, pero se recomienda para asegurar que no se
ejecute más código después de la redirección.
?>
```

33 – Check con selección múltiple, recepción por método POST

Creamos un archivo "check.html" con el formulario:

```html
<head>
<meta http-equiv="Content-Type" content="text/html; charset=utf-8" />
<title>Documento sin título</title>
</head>
    <form name="prueba" action="recibo.php" method="POST">
        ¿Cuáles son tus colores preferidos?
        <br>
        Rojo <input type="checkbox" name="color_rojo" value="rojo" />
        <br>
        Azul <input type="checkbox" name="color_azul" value="azul" />
        <br>
        Verde <input type="checkbox" name="color_verde" value="verde" />
        <br>
        <input type="submit" value="Enviar" name="btn_colores" />
    </form>
<body>
```

```
</body>
</html>
```

Creamos un archivo "recibo.php":

```php
<?php
//recupero mediante POST
$rojo = $_POST['color_rojo'];
$azul = $_POST['color_azul'];
$verde = $_POST['color_verde'];

echo $rojo  . '<br>';
echo $azul  . '<br>';
echo $verde . '<br>';

//después trabajamos con las variables normalmente...
?>
```

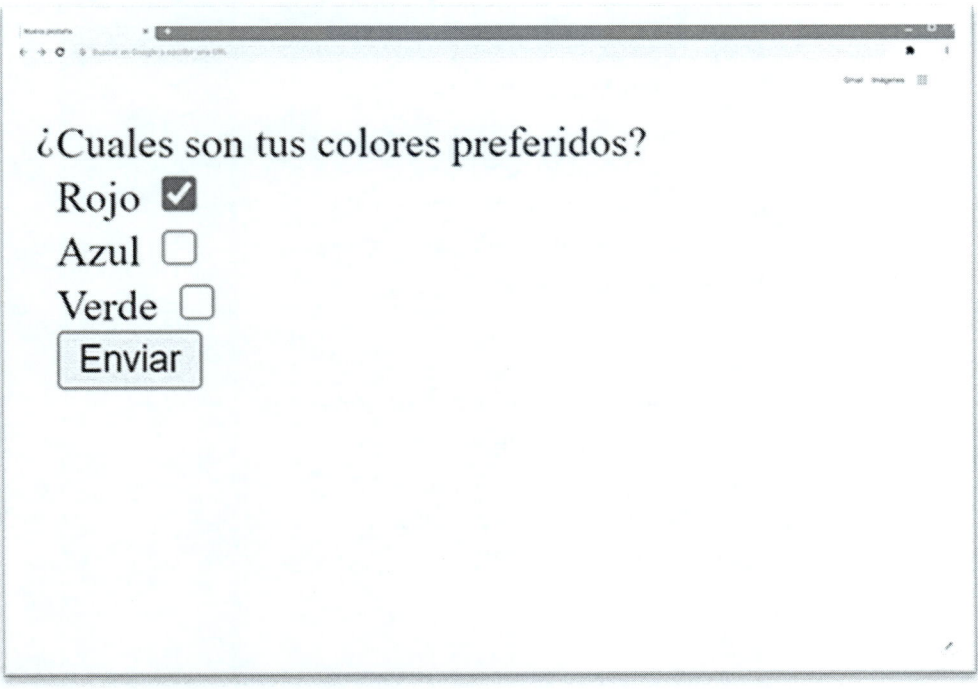

34 – ListBox con selección múltiple y recepción por método POST

Creamos un archivo "listbox.html" con el formulario:

```
<html>
<head>
<meta http-equiv="Content-Type" content="text/html; charset=ISO-8859-1">
<title>Selección múltiple</title>
</head>
<body>
<h1>Combo selección múltiple</h1>

<form action="recibo.php" method="POST">
Nombre: <input type="text" name="nombre"><br>
Apellidos: <input type="text" name="apellidos"><br>
Email: <input type="text" name="email"> <br>
Cerveza: <br>
<select multiple name="cerveza[]">
<option value="SanMiguel">San Miguel</option>
<option value="Mahou">Mahou</option>
<option value="Heineken">Heineken</option>
<option value="Carlsberg">Carlsberg</option>
<option value="Águila">Aguila</option>
</select><br>
<input type="submit" value="Enviar datos!" >
</form>
<em>[Utilizar Ctrl pulsado para hacer la selección múltiple]</em>
<br><br>
```

```html
<hr>
</body>
</html>
```

Creamos un archivo "recibo.php":

```php
<?php
echo "Nombre: ". $_POST["nombre"];
echo "<br>Apellidos: ". $_POST["apellidos"];
echo "<br>E-mail: ". $_POST ["email"];
$cervezas=$_POST["cerveza"];
//Recorremos el array de cervezas seleccionadas. No olvidarse de que la
primera posición de un array es la 0
for ($i=0;$i<count($cervezas);$i++)
{
echo "<br> Cerveza " . $i . ": " . $cervezas[$i];
} ?>
```

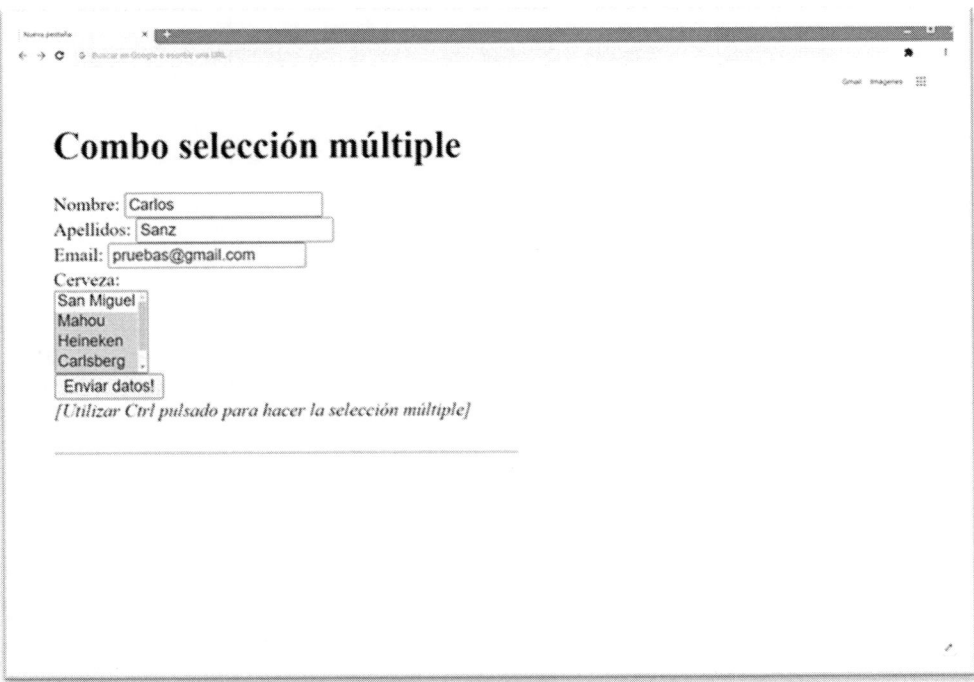

35 – ListBox con imagen

```
<html>
<head>

<title>ListBox con imagen</title>

</head>

<style type="text/css">
div.myspace-scroll-box {
height:100px;
width:200px;
font:10pt/20pt Verdana,arial,sans-serif;
overflow:scroll;
}
</style>
```

```
<div class="myspace-scroll-box">
AQUÍ PUEDES PONER EL TEXTO
O LOS CÓDIGOS HTML DE LAS
IMÁGENES QUE QUIERAS QUE ESTÉN EN ESA CAJA
<img src="llavep.png" width="28" height="30" />
</div>

<body>
</body>
</html>
```

Debes colocar en la misma carpeta del ejemplo una imagen "llave.png":

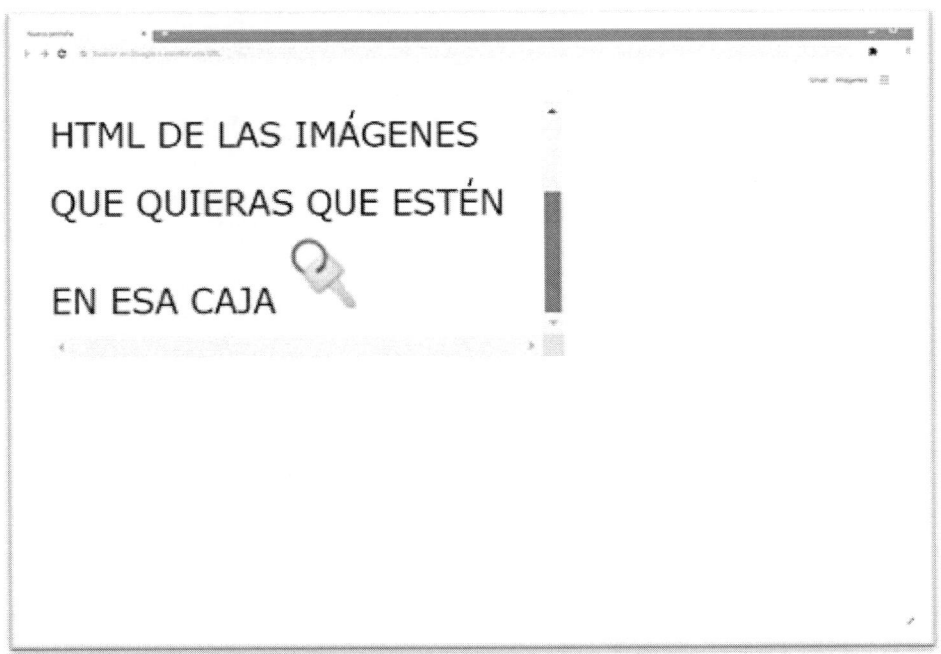

36 – ComboBox con recepción por método POST

Creamos un archivo "listbox.html" con el formulario:

```
<html>
<head>
<meta http-equiv="Content-Type" content="text/html; charset=iso-8859-1">
```

```
<title>ComboBox</title>
</head>
<body>

<FORM method="post" action="recibo.php">
<select name="lil">
  <option>Almería</option>
  <option>Barcelona</option>
  <option>Madrid</option>
  <option>Sevilla</option>
</select>
<input name="Submit" type="submit" class="Estilo13" value="Enviar">
</FORM>

</body>
</html>
```

Creamos un archivo "recibo.php":

```php
<?php
echo "Hola <br>";
$webs = $_POST["lil"];
echo "La variable recibida es: " . $webs . "<br>";
if ($webs == "Barcelona") {
    echo "<br> Has seleccionado " . $webs;
}
?>
```

Hola,
La variable recibida es: Almería

37 – Función preg_match

```php
<?php
//La función preg_match es una función en PHP que se utiliza
//para realizar coincidencias de patrones utilizando expresiones
//regulares. Las expresiones regulares son secuencias de caracteres
//que describen un patrón de búsqueda. preg_match permite buscar y
//coincidir cadenas de texto con ese patrón y devolver resultados basados
//en las coincidencias encontradas.

$fr="Me gusta el coco";
if (preg_match("/coco/i", "$fr"))
{
   echo "La palabra coco existe";
   }
exit;
echo "no existe";
?>
```

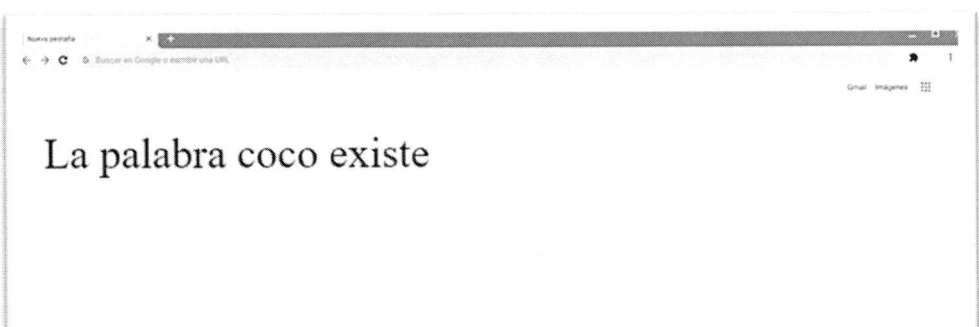

38 – Declaración de Arrays utilizando índices

```php
<?php
// Declaración de Arrays utilizando índices.
$ciudad[] = "Madrid";
$ciudad[] = "Valencia";
$ciudad[] = "Sevilla";
$ciudad[] = "Cádiz";
```

```php
// Llamada a valores del array
echo "Yo vivo en " . $ciudad[3] ;
?>
```

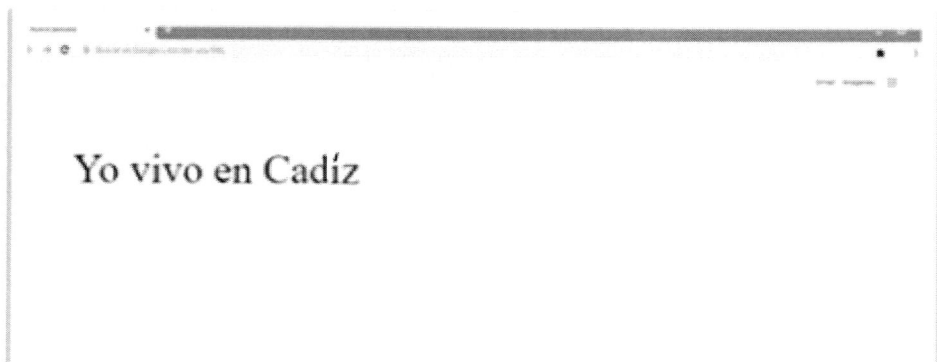

39 – Array, número de elementos

```php
<?php
$ciudad = array(texto=>"Madrid","Valencia","Sevilla","Cádiz");

//Contamos el número de elementos de la tabla

$contador = count($ciudad);
//imprimir en pantalla
for ($i=0;$i < $contador; $i++)
{
 echo ("La ciudad $i es $ciudad[$i] <br>");
}
echo $ciudad[texto];
?>
```

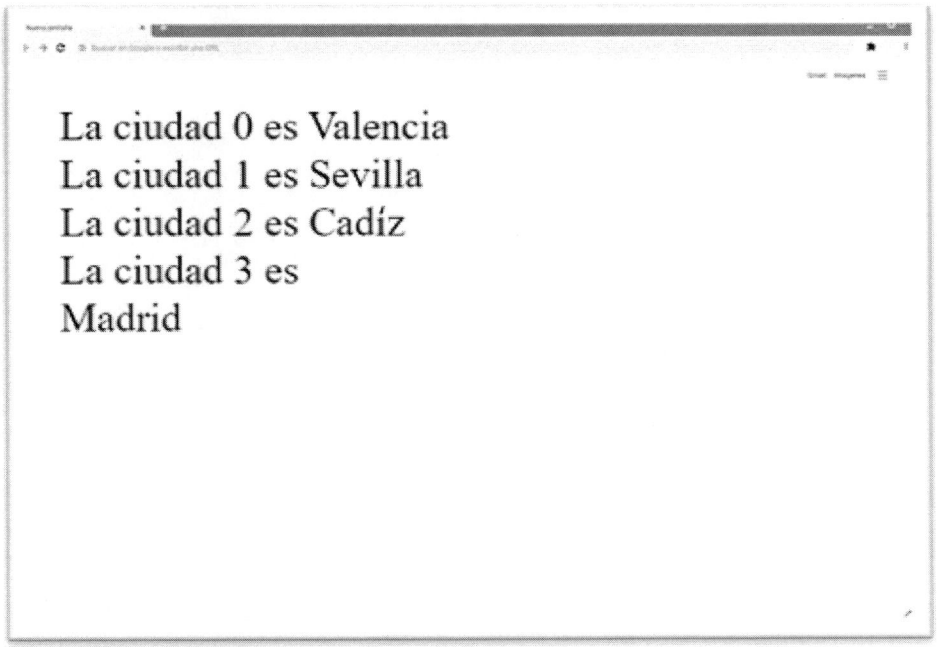

40 – Función include

```php
<?php
/* Include - permite incluir un segundo archivo de código fuente
dentro del actual */

echo "Hola, mundo <br>";
include("saludo.php"); // incluye el contenido del código archivo (saludo.php)
?>
```

Creamos un archivo "saludo.php":

```php
<?php
echo "Adiós, mundo - esto es lo que hay en el archivo incluido saludo.php"
?>
```

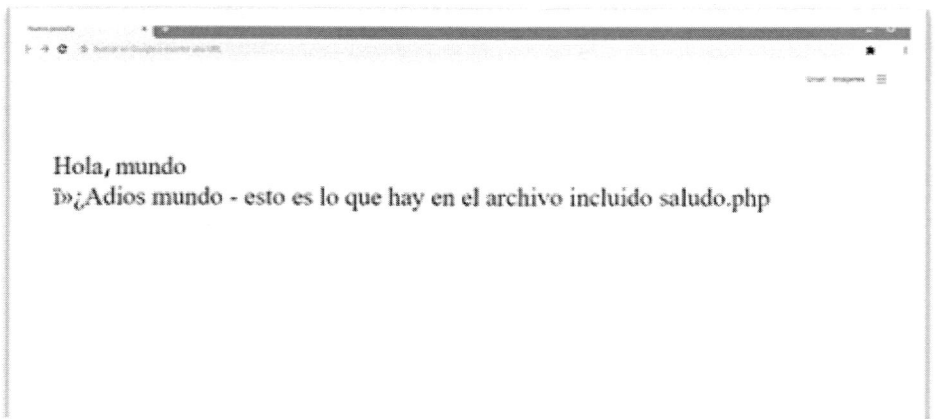

Hola, mundo
ï»¿Adios mundo - esto es lo que hay en el archivo incluido saludo.php

41 – Enviar variables dentro de un mismo formulario PHP_SELF

```
<!DOCTYPE html>
<html>
<head>
<title>PHP_SELF</title>
</head>
<body>

<form name="form1" method="post" action="<?php echo
$_SERVER['PHP_SELF']; ?>">
   Empresa: <input class="campo" name="empresa" size="40">
   Nombre y Apellidos: <input class="campo" name="nombre" size="40">
   <input class="botón" type="submit" value="Enviar">
</form>

<?php
// Fecha de alta
$tiempo = time();
$fecha = date("d-m-y", $tiempo);
$hora = date(" H:i", time());

// Verificamos si se envió la variable y saludamos, transformando de HTML a PHP
if (isset($_POST['empresa'])) {
   $id_empresa = $_POST['empresa'];
```

```php
$empresa = $id_empresa;
$id_nombre = $_POST['nombre'];
$nombre = $id_nombre;

// Mostramos el mensaje
echo "<font face='verdana' size='2' color='#FF8C00'>Gracias $nombre, se
han recibido correctamente los datos.</font><br>";
echo "<br>";
echo "<font face='verdana' size='2' color='#FF8C00'>Empresa
$empresa</font>";
}
?>

</body>
</html>
```

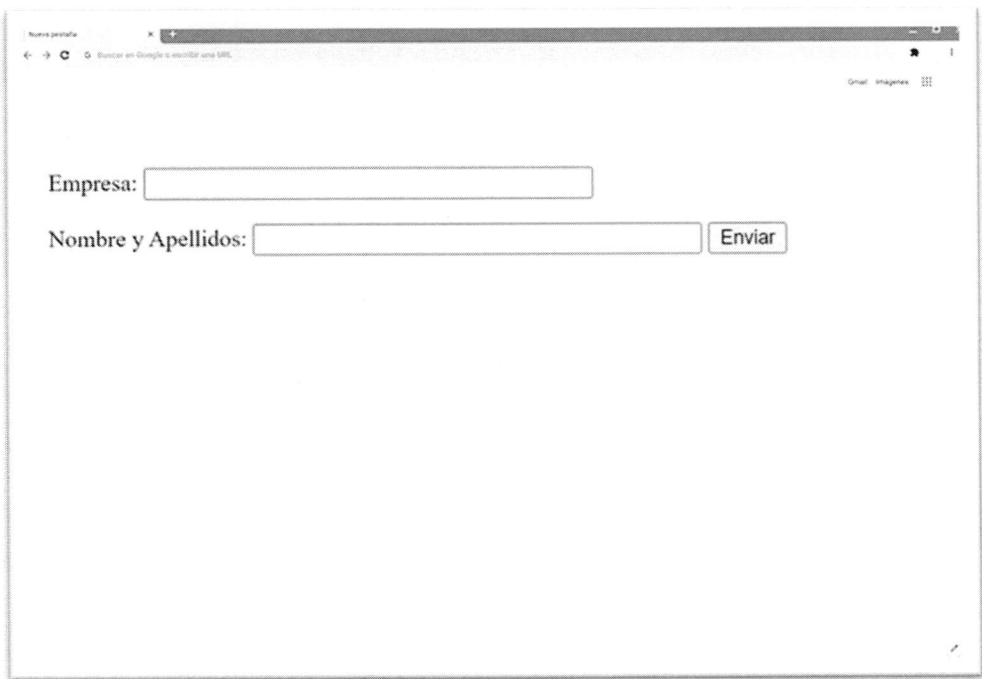

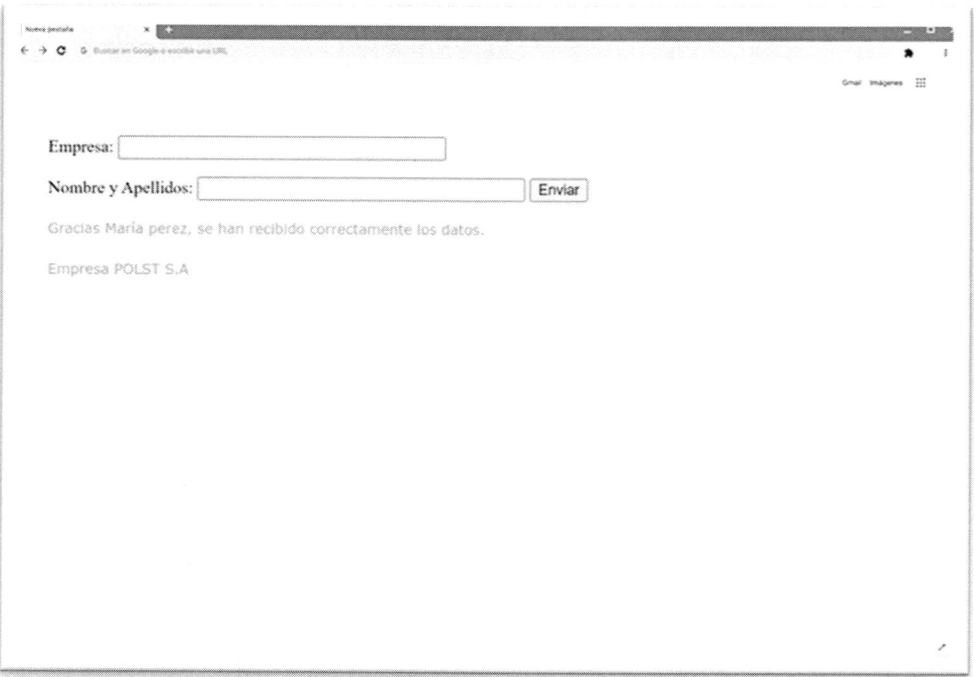

42 – Función copy, copiar archivos entre carpetas

```php
<?php
/* Copiar un archivo de una carpeta a otra carpeta que
se encuentran en la raíz*/
//debes crear 2 carpetas, imágenes y ofertas, y debes dejar el archivo
foto.jpg en la carpeta imágenes para que se copie a la carpeta ofertas

$archivo = 'imágenes/foto.jpg';
$nuevo_archivo = 'ofertas/foto.jpg';

// La función copy realiza la copia entre carpetas del archivo foto.jpg
if (!copy($archivo, $nuevo_archivo)) {
    echo "Error al copiar $archivo...\n";
}
?>
```

43 – Darle formato de texto css a una variable definida con php

```php
<?php
$texto = "cambio de tamaño, color y fuente";
$color = "#0000FF";
$fuente = "Verdana";
$tamaño = 9;
echo "<span style='font-size:{$tamaño}px; color:{$color}; font-family:{$fuente};'>{$texto}</span><br>";
?>
```

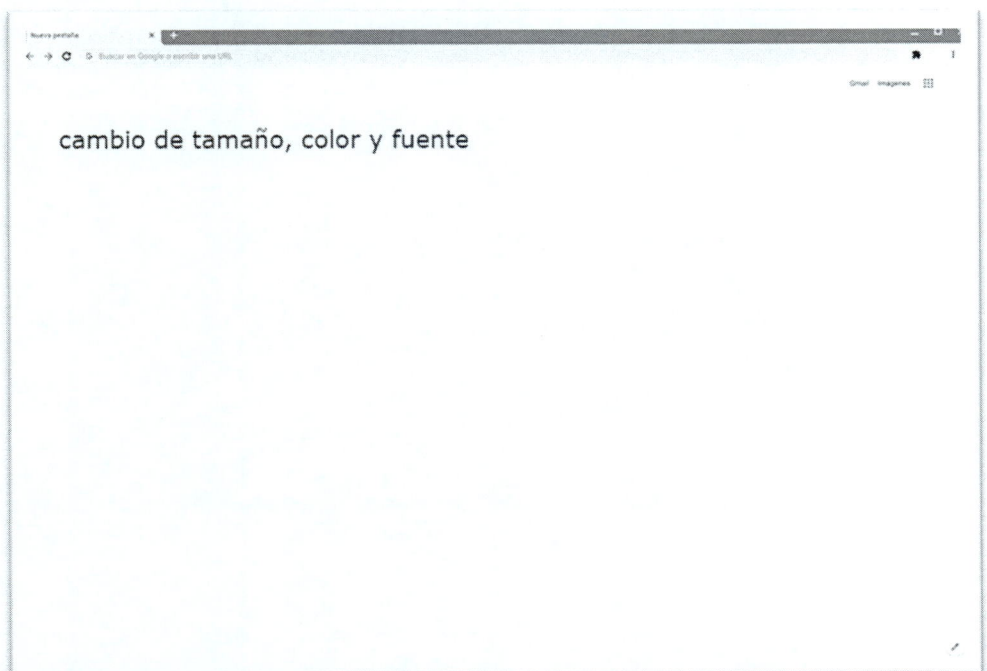

44 – Colocar en un mismo formulario 4 botones y recibir el valor por POST en PHP

Creamos un archivo "botones.html" con el formulario:

```html
<html>
<head>
<title>Botones con POST PHP</title>
```

```
</head>
<body>
<form action="recibo.php" method="post">
<input type="submit" name="grabar" value ="Grabar">
<input type="submit" name="borrar" value ="Borrar">
<input type="submit" name="editar" value ="Editar">
<input type="submit" name="salir" value ="Salir">
</form>
<body>
</body>
</html>
```

Creamos un archivo "recibo.php":

```
<?php
if ($_POST[grabar]) {
echo "se ha seleccionado GRABAR"; };
if ($_POST[borrar]) {
echo "se ha seleccionado BORRAR"; };
if ($_POST[editar]) {
echo "se ha seleccionado EDITAR"; };
if ($_POST[salir]) {
echo "se ha seleccionado SALIR"; };
?>
```

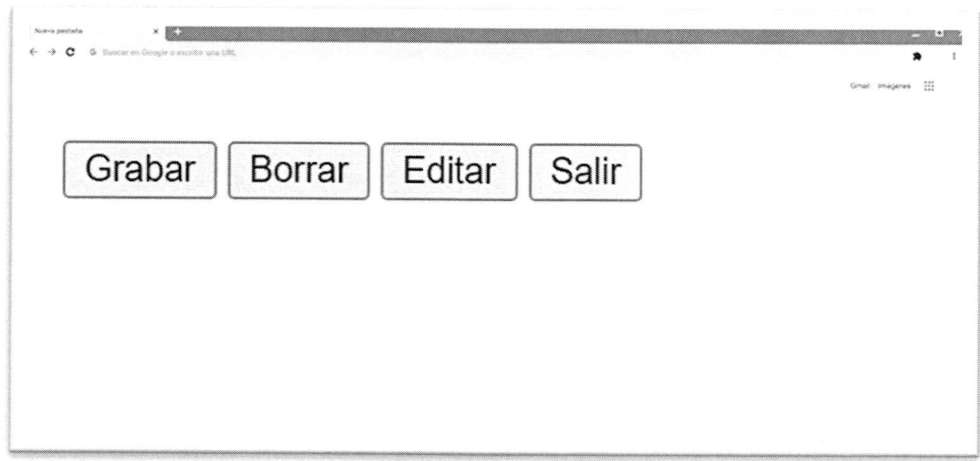

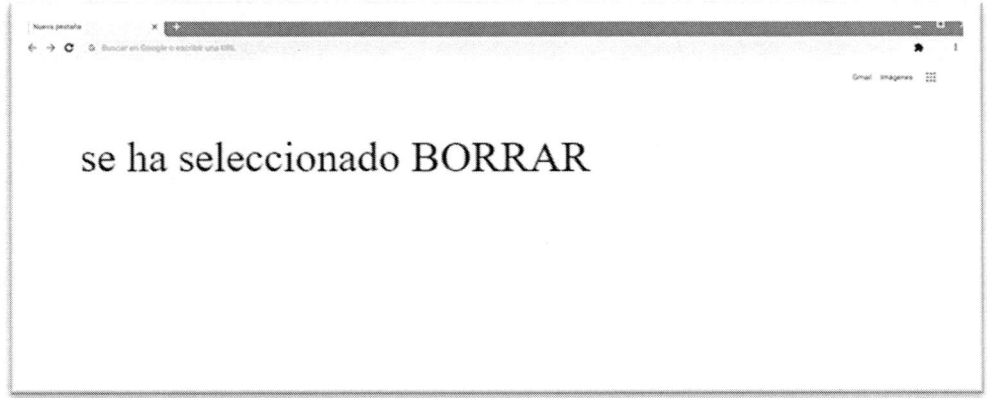

45 – Botón atrás en PHP

```php
<?php
echo "<font face='verdana' size='3' color='#FF8C00'>ACCESO
DENEGADO"."</font>";
echo "<br>";
echo "<font face='verdana' size='2' color='#0077FF'>Usuario o Contraseña
incorrectos"."</font>";
echo "<br>";
echo "<input type='button' value='Volver a probar ' onClick='history.go(-1);'>";
?>
```

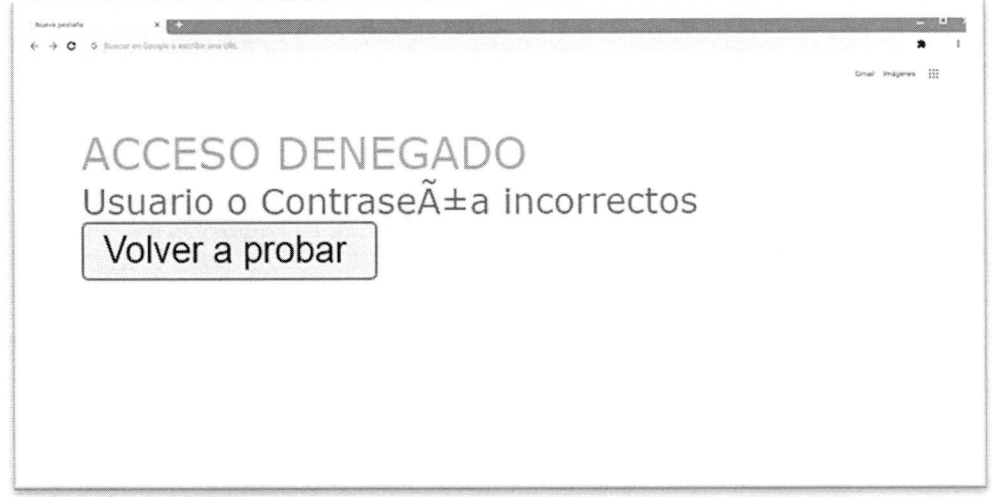

46 – Sessions en PHP

Creamos un archivo "sesion1.php" con el formulario:

```php
<?php
// Crear o retomar la sesión
session_start();

// Mostrar el nombre de la sesión
echo 'La sesión actual se llama: '.session_name()."<br>";

// Mostrar el identificador de la sesión
echo 'La sesión actual tiene este identificador: '.session_id()."<br>";
?>

<a href=sesion2.php>Ir a otra página</a><br>
<a href=sesion3.php>Destruir sesión</a><br>
```

Creamos un archivo "sesion2.php" con el formulario:

```php
<?php
// Crear o retomar la sesión
session_start();

// Mostrar el nombre de la sesión
echo 'La sesión actual se llama: '.session_name()."<br>";

// Mostrar el identificador de la sesión
echo 'La sesión actual tiene este identificador: '.session_id()."<br>";
?>
<a href=sesion1.php>Volver</a><br>
```

Creamos un archivo "sesion3.php" con el formulario:

```php
<?php
// Crea o retoma la sesión
session_start();
// Destruir la sesión
setcookie(session_name(),"");
session_destroy();
```

```php
echo "Sesión destruida <br>";
?>
```

```
<a href=sesion1.php>Volver</a>
```

47 – Sessions ejemplo de un carrito de la compra en PHP

Creamos un archivo "carrito1.php" con el formulario:

```php
<?php
// Registra la variable
session_register($productos);
// Crea o retoma la sesión
session_start();
?>
```

```
Añadir producto:<br>
<form action=carrito2.php method=post>
 <select name=prod>
  <option name=video>V&iacute;deo</option>
  <option name=dvd>DVD</option>
  <option name=ordenador>Ordenador</option>
 </select>
<input type=text name=num size=2>
<input type=submit value=Enviar>
</form>
```

Creamos un archivo "carrito2.php" con el formulario:

```php
<?php
// Crea o retoma la sesión
session_start();

// Guarda el valor
$productos=$_SESSION["productos"];
$productos[$_POST["prod"]]=$_POST["num"];
$_SESSION["productos"]=$productos;
?>
```

Esta es una página intermedia.
<a href=carrito3.php>Continuar</a>

Creamos un archivo "carrito3.php" con el formulario:

```php
<?php
// Crea o retoma la sesión
session_start();

// Muestra el contenido del carrito
$productos=$_SESSION["productos"];
$prods=array_keys($productos);
for ($i=0;$i<count($prods);$i++)
echo "Producto: ".$prods[$i].". Unidades: ".$productos[$prods[$i]]."<br>";
?>
```

<a href=carrito1.php>Volver</a>

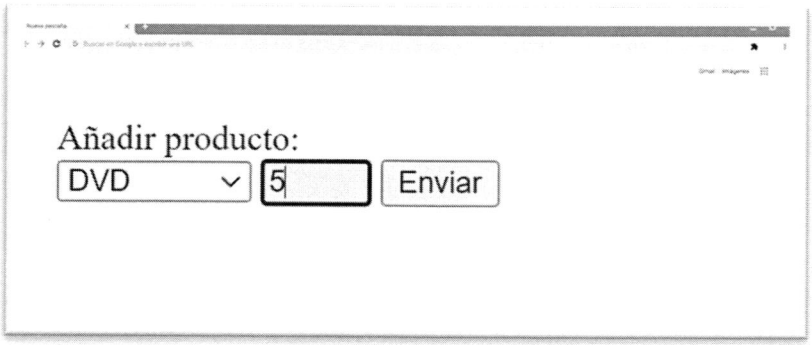

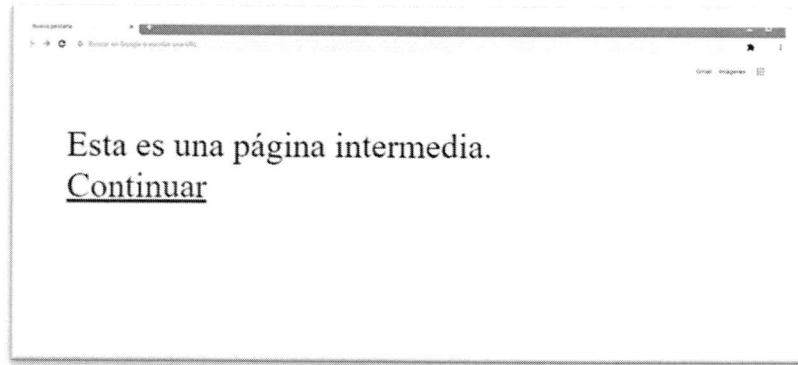

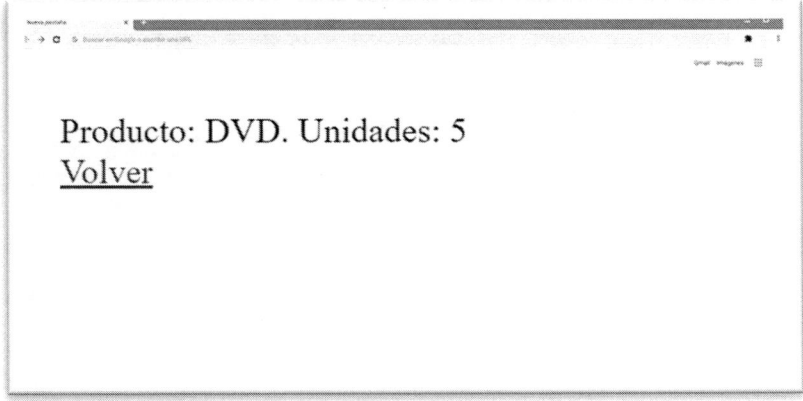

48 – Redireccionar a una URL con tiempo definido y enviando una variable

```php
<?php
echo "Redireccionar en 5 segundos enviando valor URL=$url";
$url ="http://www.amazon.com";  // aquí pones la URL

$tiempo_espera = 5; // Aquí se configura cuántos segundos hasta
                    // la actualización.
//Establecer el encabezado de actualización utilizando PHP.
//header("refresh:5;url=http://dpformacio.com");
header("refresh: $tiempo_espera; url=$url");
?>
```

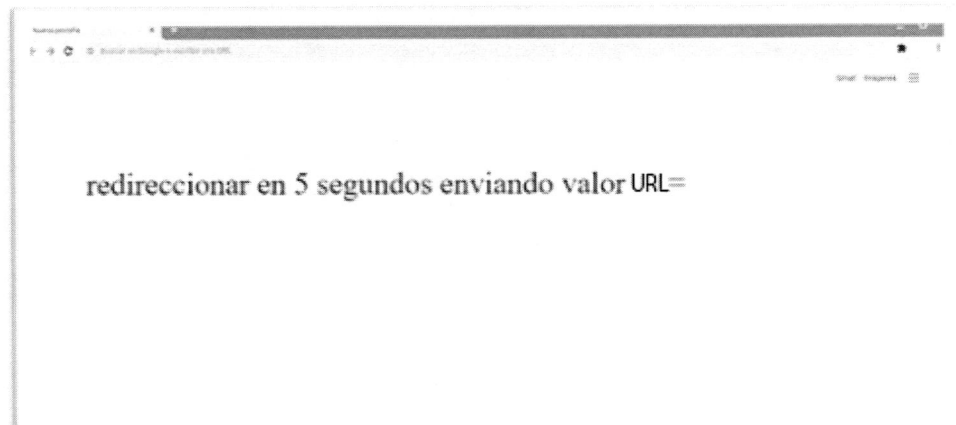

49 – Pasar números a letras

```php
<?php
// Convertir números a letras
$valores=array("cero", "uno", "dos", "tres", "cuatro", "cinco", "seis", "siete",
"ocho", "nueve");
$numeros="001256347890";
for($i=0;$i<strlen($numeros);$i++)
{
    echo $numeros[$i]." - ".$valores[$numeros[$i]]."";
}
?>
```

0 - cero0 - cero1 - uno2 - dos5 - cinco6 - seis3 - tres4 - quatro7 - siete8 - ocho9 - nueve0 - cero

50 – Listar el contenido de una carpeta

Creamos una carpeta con el nombre "fotos" y colocamos los archivos:

```php
<?php
//Listar el contenido de una carpeta
$scan = scandir('fotos');
foreach($scan as $file)
{//  is_dir - Indica si el nombre de archivo dado es un directorio y existe
    if (!is_dir("$scan/$file")) //si ponemos la variable $scan por eliminar nos
                         // mostrará . .. del directorio
    {
        echo $file."<br>"; // lista todos los archivos de la carpeta
    } }
?>
```

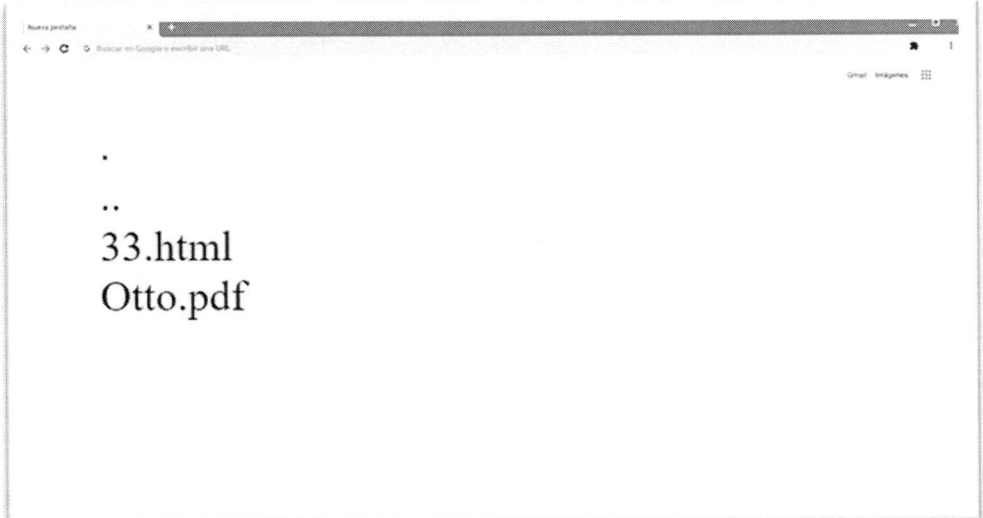

51 – Saber si el acceso a la página es desde un móvil o PC

```php
<?php
function esDispositivoMovil() {
    $userAgent = $_SERVER['HTTP_USER_AGENT'];

    $dispositivosMoviles = array(
        'Android',
```

```php
        'webOS',
        'iPhone',
        'iPad',
        'iPod',
        'BlackBerry',
        'Windows Phone'
    );
    foreach ($dispositivosMoviles as $dispositivo) {
        if (stripos($userAgent, $dispositivo) !== false) {
            return true;
        }
    }
    return false;
}
if (esDispositivoMovil()) {
    $mensaje = 'Estás accediendo desde un dispositivo móvil.';
} else {
    $mensaje = 'Estás accediendo desde un dispositivo no móvil.';
}
?>


<!DOCTYPE html>
<html>
<head>
    <meta charset="UTF-8">
    <title> Detección de dispositivo móvil PHP 8</title>
</head>
<body>
    <h1>Detección de dispositivo móvil</h1>
    <p><?php echo $mensaje; ?></p>
</body>
</html>
```

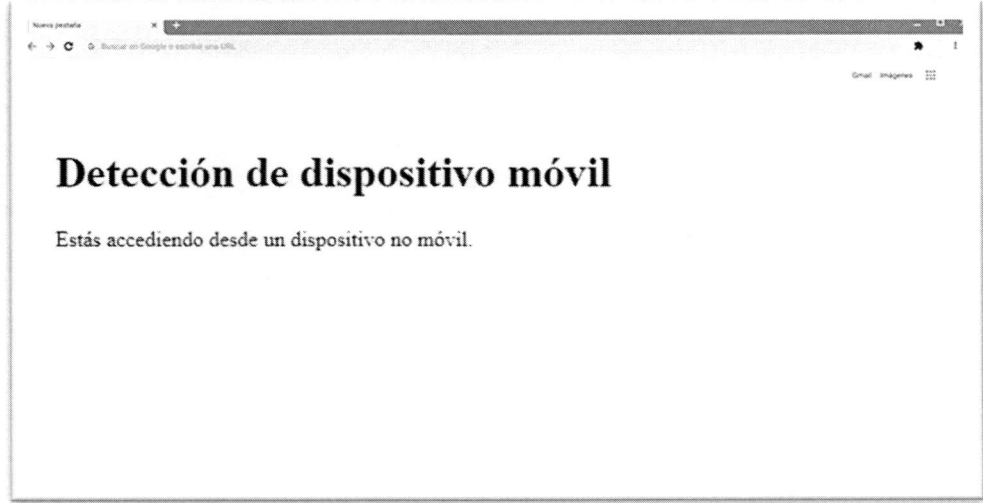

52 - Función unlink, eliminar un archivo

```php
<?php
// Borrar el archivo que está dentro de una carpeta
echo " Se ha eliminado el archivo de la carpeta fondos/cielo.jpg";
unlink("fondos/cielo.png");
?>
```

53 - Extraer el nombre de un archivo sin su ruta ni extensión

```html
<html>
<head>
<meta http-equiv="Content-Type" content="text/html; charset=utf-8" />
<title> Borrar el archivo </title>
</head>
<?php
// Obtener solo el nombre del archivo, sin la ruta ni la extensión
Echo "Obtener solo el nombre del archivo imágenes/foto.jpg, sin la ruta ni la
extensión: <br><br>";
$path = "imágenes/pfn.jpg";
$nombreArchivo = pathinfo($path, PATHINFO_FILENAME);
echo $nombreArchivo; // Output: pfn
?>
```

```
<body>
</body>
</html>
```

54 – PHP_SELF y refresh header

```
<html>
<head>
<style type="text/css">
.rojo {
color: #F00;
}
</style>
</head>
<body>
<form name="form1" method="post"
action="<?=$_SERVER['PHP_SELF']?>">
<p>Este texto debe verse en todo momento para poder verificar la
autolectura dentro de un mismo <span class="rojo">archivo
PHP</span></p>
<p>Empresa: </font> <INPUT CLASS="campo" NAME="empresa" size="40">
  Nombre y Apellidos: </font> <INPUT CLASS="campo" NAME="nombre"
size="40">
 <font face="Comic Sans MS">
 <INPUT CLASS="botón" TYPE="Submit" VALUE="Enviar">
</font></p>
<?php
// Fecha de alta
//$tiempo=time();
// $fecha=date("d-m-y",$tiempo);
 $hora = date(" H:i:s",time());
// verificamos si se envió la variable y saludamos LAS TRANSFORMA DE
HTML A PHP
 if (isset($_POST['empresa']))
 {
 $id_empresa = $_POST['empresa'];
 $empresa =$id_empresa;
 $id_nombre = $_POST['nombre'];
```

```php
 $nombre =$id_nombre;

 // Mostramos el mensaje
 echo "<BR>";
 echo "<font face='verdana' size='2' color='#FF8C00'>Gracias ".$empresa ."
se ha  guardado correctamente los datos"."</font>"." <BR>";
 echo "Empresa: ".$empresa."<BR>"."Nombre y Apellidos: ".  $nombre;
 }
echo "<BR>".$hora;

// Se inicia una actualización transcurridos 5 segundos.
  header( "refresh:10; url=self.php" );

//<!-- El siguiente script refrescará la página transcurridos los 5 segundos. --
>
//<meta http-equiv="refresh" content="5"/>
?>
```

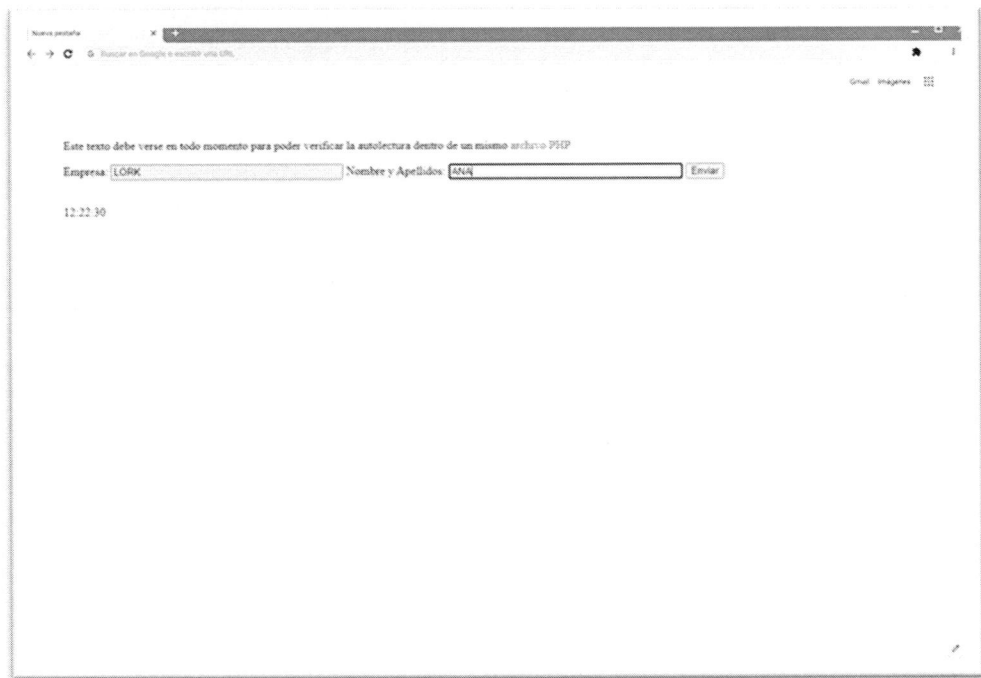

55 – Explorar los archivos de una carpeta

```
<!DOCTYPE html>
<html lang="es">
<head>
<meta charset="utf-8">
<title>Explorador de archivos en PHP</title>

<style>
section>div      {clear:both;}
.group           {overflow:hidden;padding:2px;}
section .group:nth-child(odd) {background:#e5e5e5;}
.directory       {font-weight:bold;}
.name            {float:left;width:250px;overflow:hidden;}
.mime            {float:left;margin-left:10px;}
.size            {float:right;}
.bold            {font-weight:bold;}
footer           {text-align:center;margin-top:20px;color:#808080;}
```

```
</style>
</head>
<body>

<?php
// obtenemos la ruta a revisar y la ruta anterior para volver...
if($_GET["path"])
{
$path=$_GET["path"];
$back=implode("/",explode("/",$_GET["path"],-2));
if($back)
$back.="/*";
else
$back="*";
}else{
$path="*";
}
?>
<header>
<h1>Explorador de archivos en PHP</h1>
</header>
<nav>
<h2><?php echo $path?></h2>
</nav>
 <section>

<?php
// si no estamos en la raíz, permitimos volver hacia atrás
if($path!="*")
echo "<div class='bold group'><a href='?path=".$back."'>...</a></div>";
// devuelve el tipo mime de su extensión (desde PHP 5.3)
$finfo1 = finfo_open(FILEINFO_MIME_TYPE);
// devuelve la codificación mime del fichero (desde PHP 5.3)
$finfo2 = finfo_open(FILEINFO_MIME_ENCODING);
$folder=0;
$file=0;
# recorremos todos los archivos de la carpeta
```

```php
foreach (glob($path) as $filename)
{
   $fileMime=finfo_file($finfo1, $filename);
   $fileEncoding=finfo_file($finfo2, $filename);
   if($fileMime=="directory")
{
  $folder+=1;
// mostramos la carpeta y permitimos pulsar sobre la misma
echo "<div class='directory group'>
<a href='?path=".$filename."/*'class='name'>".end(explode("/",$filename))."</a>
<div class='mime'>(".$fileEncoding.")</div></div>";
} else{
$file+=1;
// mostramos la información del archivo
echo "<div class='group'>
<div class='size'>".number_format(filesize($filename)/1024,2,",",".")." Kb</div>
<div class='name'>".end(explode("/",$filename))."</div>
<div class='mime'>".$fileMime." (".$fileEncoding.")</div>
</div>";
   }
}
finfo_close($finfo1);
finfo_close($finfo2);
?>
<footer>
<?php echo $folder?> carpeta/s y <?php echo $file?> archivo/s
</footer>
</section>
</body>
</html>
```

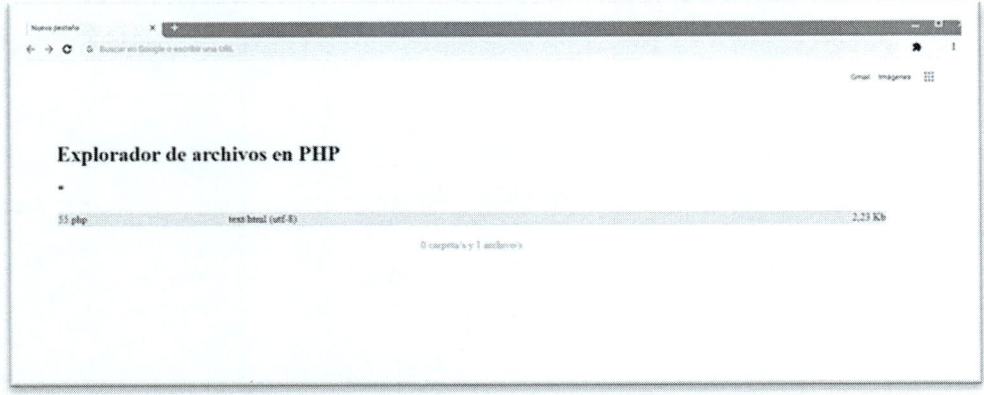

56 – Formulario con PHP y AJAX

Creamos un archivo "pruebaajax.php" con el formulario:

```php
<?php
echo "Tu texto en mayúsculas: ".strtoupper($_POST[nombre]);
echo "<br>";
sleep(1);
echo "valor de la variable: ".$_POST[nombre];
?>
```

Creamos un archivo "resultadoajax.php" con el formulario:

```html
<html>
<head>
<meta http-equiv="Content-Type" content="text/html; charset=utf-8" />
<title>prueba ajax</title>
<script>
//métodos para crear el objeto ajax
function objetoAjax(){
        var xmlhttp=false;
        try {
                xmlhttp = new ActiveXObject("Msxml2.XMLHTTP");
        } catch (e) {
                try {
                        xmlhttp = new ActiveXObject("Microsoft.XMLHTTP");
```

```
                } catch (E) {
                        xmlhttp = false;
                }
        }
        if (!xmlhttp && typeof XMLHttpRequest!='undefined') {
                xmlhttp = new XMLHttpRequest();
        }
  return xmlhttp;
}

  //función de prueba
function test(){
//capa donde se mostrará el resultado
  divResultado = document.getElementById('resultado');
  //valores de los inputs
  nombre=document.getElementById('nombre').value;
  //instanciamos el objetoAjax
  ajax=objetoAjax();

  //uso del medotod POST para llamar a la página que hará los cálculos.
        ajax.open("POST", "resultadoajax.php",true);
        //mostrar resultados en esta capa
        ajax.onreadystatechange=function() {
                divResultado.innerHTML="Espere, por favor";

                // readyState==4 está listo
                // status==200 lo trasmitido es correcto
                if (ajax.readyState==4 && ajax.status == 200) {
                        divResultado.innerHTML = ajax.responseText
                        }
                }
        ajax.setRequestHeader("Content-Type","application/x-www-form-
urlencoded");
        //enviando los valores
        ajax.send("nombre="+nombre)

}
</script>
</head>
```

```html
<body>
<p>Prueba de Ajax</p>
<form id="form1" name="form1" method="post" action="">
 <label>Valor a enviar
 <input type="text" name="nombre" id="nombre" />
 </label>
 <label>
   <input type="button" name="button" id="button" value="Botón"
onclick="test()" />
 </label>
</form>
<p> </p>
<div id="resultado">Aquí mostramos el resultado<div>
</body>
</html>
```

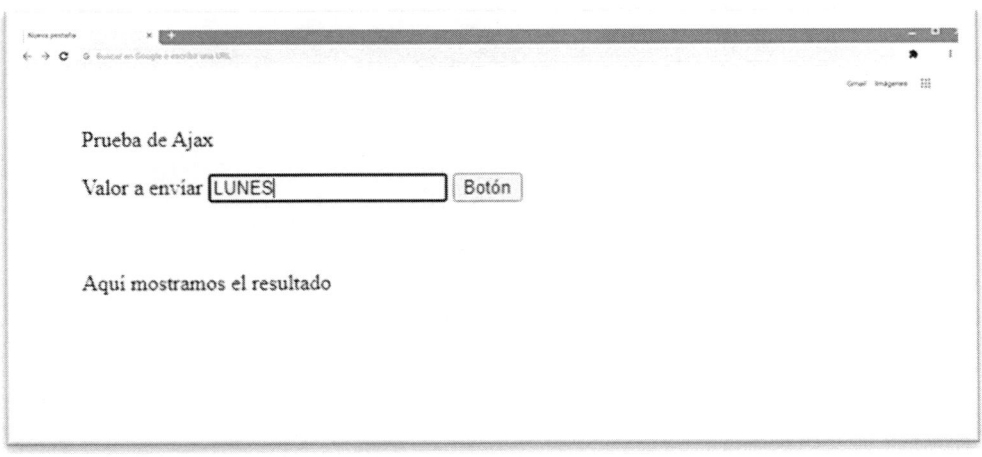

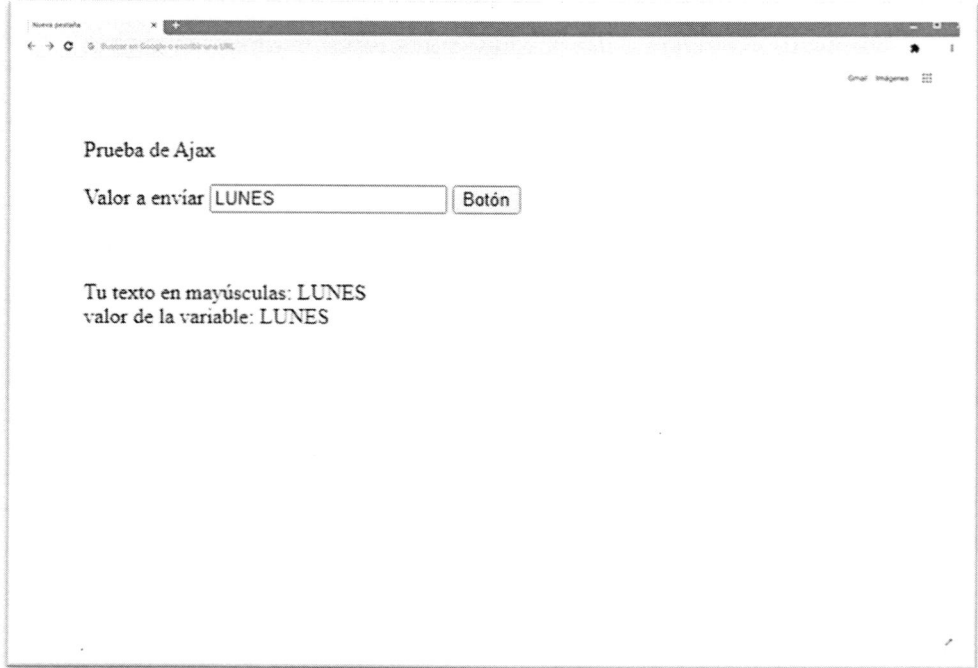

57 – FTP subir archivos al servidor con límite de 2 Mb

Creamos un archivo "subir.php" y una carpeta en el servidor con el nombre "images":

```
<!DOCTYPE html PUBLIC "-//W3C//DTD XHTML 1.0 Transitional//EN"
"http://www.w3.org/TR/xhtml1/DTD/xhtml1-transitional.dtd">
<html xmlns="http://www.w3.org/1999/xhtml">
<head>
<meta http-equiv="Content-Type" content="text/html; charset=utf-8" />
<title>Documento sin título</title>
</head>

<?php
// Verificamos si se ha enviado un archivo
if ($_SERVER["REQUEST_METHOD"] == "POST" && isset($_FILES["archivo"]))
{
    $nombreArchivo = $_FILES["archivo"]["name"];
    $tipoArchivo = $_FILES["archivo"]["type"];
```

```php
    $tamanoArchivo = $_FILES["archivo"]["size"];
    $nombreTemporal = $_FILES["archivo"]["tmp_name"];

    // Verificamos si el archivo es una imagen (puedes ajustar los tipos de
archivo permitidos)
    $tiposPermitidos = array("image/jpeg", "image/png", "image/gif");
    if (in_array($tipoArchivo, $tiposPermitidos)) {
        // Verificamos el tamaño del archivo (2 MB)
        if ($tamanoArchivo <= 2 * 1024 * 1024) {
            // Ruta donde deseas guardar los archivos
            $carpetaDestino = "images/";

            // Movemos el archivo desde la ubicación temporal a la carpeta
            // de destino
            if (move_uploaded_file($nombreTemporal, $carpetaDestino .
$nombreArchivo)) {
                echo "El archivo se ha subido correctamente.";
            } else {
                echo "Ha ocurrido un error al subir el archivo.";
            }
        } else {
            echo "El archivo es demasiado grande. El límite es de 2 MB.";
        }
    } else {
        echo "Tipo de archivo no permitido. Sube una imagen en formato JPEG,
PNG o GIF.";
    }
}
?>


<!DOCTYPE html>
<html>
<head>
    <title>Subir Archivo</title>
</head>
<body>
    <form method="POST" enctype="multipart/form-data">
        <label for="archivo">Selecciona una imagen:</label>
```

```
    <input type="file" name="archivo" id="archivo" accept=".jpg, .jpeg, .png,
.gif">
    <input type="submit" value="Subir">
  </form>
</body>
</html>
<body>
</body>
</html>
```

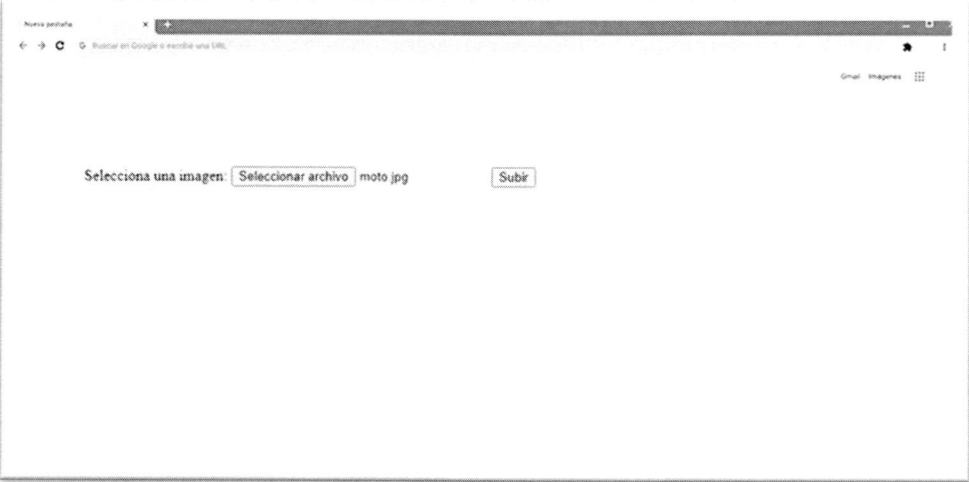

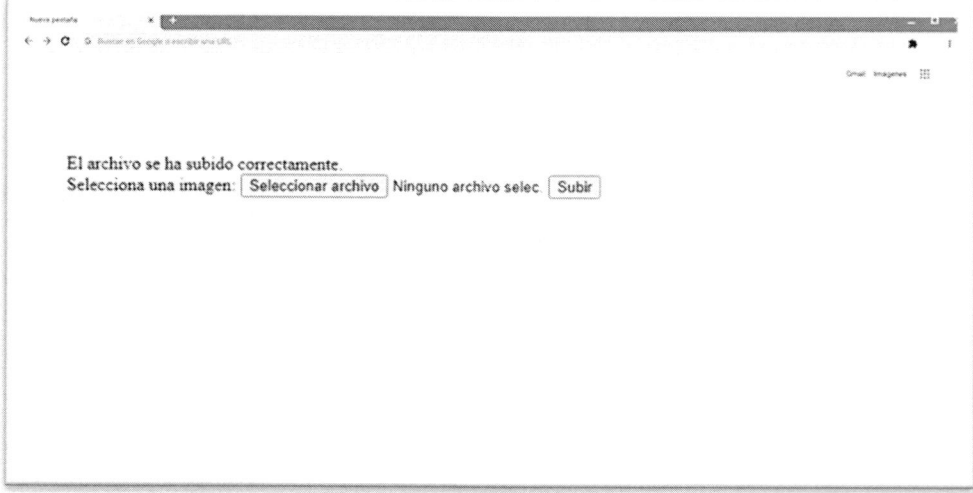

58 – Subir archivo al servidor FTP

Creamos un archivo "enviar.html" con el formulario:

```
<form enctype="multipart/form-data" action="upload.php" method="POST">
 Selecciona archivo
 <input name="videofile" type="file" /> <input type="submit" value="Upload Video" />
</form>
```

Creamos un archivo "upload.php" y creamos una carpeta en el servidor con el nombre "vídeos":

```php
<?php
$path = "vídeos/"; $path = $path . basename( $_FILES["videofile"]["name"]);
if(move_uploaded_file($_FILES["videofile"]["tmp_name"], $path)) { echo
"Successful Archivo subido: ". basename( $_FILES["videofile"]["name"]); }
else{ echo "Error subiendo archivo.";
}
?>
```

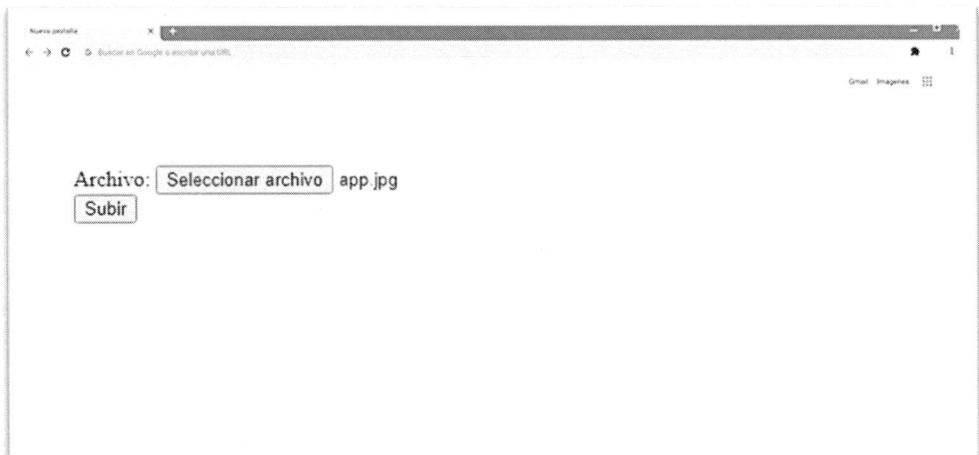

59 – Calendario en PHP

```php
<?php
# definimos los valores iniciales para nuestro calendario
$month=date("n");
$year=date("Y");
```

```php
$diaActual=date("j");

# Obtenemos el día de la semana del primer día
# Devuelve 0 para domingo, 6 para sábado
$diaSemana=date("w",mktime(0,0,0,$month,1,$year))+7;
# Obtenemos el último día del mes
$ultimoDiaMes=date("d",(mktime(0,0,0,$month+1,1,$year)-1));

$meses=array(1=>"Enero", "Febrero", "Marzo", "Abril", "Mayo", "Junio", "Julio",
"Agosto", "Septiembre", "Octubre", "Noviembre", "Diciembre");
?>

<!DOCTYPE html>
<html lang="es">
<head>
        <! --http://www.lawebdelprogramador.com-->
        <title>Ejemplo de un simple calendario en PHP</title>
        <meta charset="utf-8">
        <style>
                #calendar {
                        font-family:Arial;
                        font-size:12px;
                }
                #calendar caption {
                        text-align:left;
                        padding:5px 10px;
                        background-color:#003366;
                        color:#fff;
                        font-weight:bold;
                }
                #calendar th {
                        background-color:#006699;
                        color:#fff;
                        width:40px;
                }
                #calendar td {
                        text-align:right;
```

```
                padding:2px 5px;
                background-color:silver;
        }
        #calendar .hoy {
                background-color:red;
        }
    </style>
</head>

<body>
<h1>Ejemplo de un simple calendario en PHP</h1>
<table id="calendar">
    <caption><?php echo $meses[$month]." ".$year?></caption>
    <tr>
        <th>Lun</th><th>Mar</th><th>Mie</th><th>Jue</th>
        <th>Vie</th><th>Sab</th><th>Dom</th>
    </tr>
    <tr bgcolor="silver">
        <?php
        $last_cell=$diaSemana+$ultimoDiaMes;
        // hacemos un bucle hasta 42, que es el máximo de valores
        // que puede haber... 6 columnas de 7 días
        for($i=1;$i<=42;$i++)
        {
            if($i==$diaSemana)
            {
                // determinamos en qué día empieza
                $day=1;
            }
            if($i<$diaSemana || $i>=$last_cell)
            {
                // celda vacía
                echo "<td> </td>";
            }else{
                // mostramos el día
                if($day==$diaActual)
                    echo "<td class='hoy'>$day</td>";
```

```
                            else
                                    echo "<td>$day</td>";
                            $day++;
                        }
        // cuando llega al final de la semana, iniciamos una columna nueva
                        if($i%7==0)
                        {
                                echo "</tr><tr>\n";
                        }
                    }
            ?>
            </tr>
</table>
</body>
</html>
```

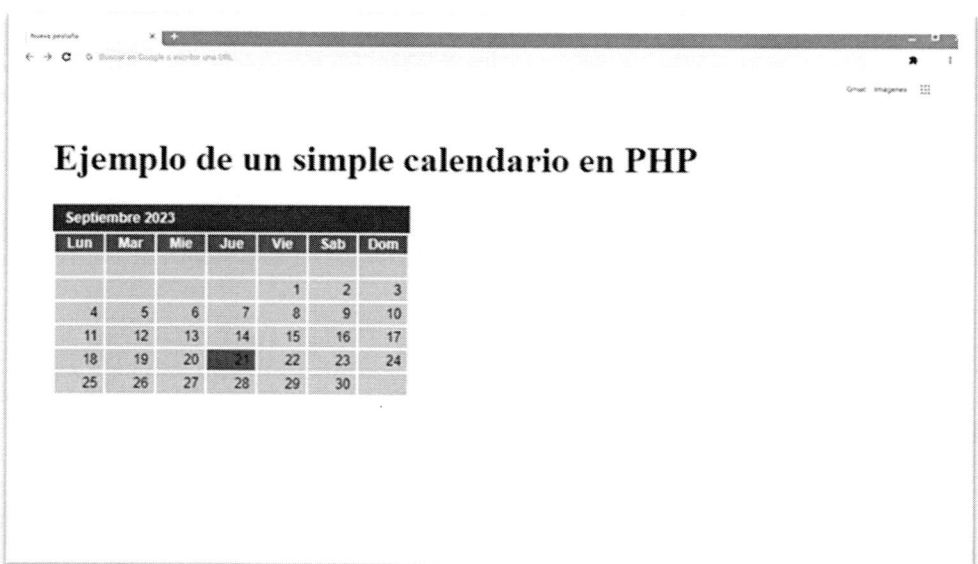

60 – Saber si existe un archivo y si no existe, lo crea

```php
<?php
if (file_exists("mifichero.txt")){
  echo "El fichero existe.";
```

```php
    $reffichero = fopen("mifichero.txt", "a");
}else{
    echo "El fichero no existe. Lo creo.";
    $reffichero = fopen("mifichero.txt", "w+");
}
?>
```

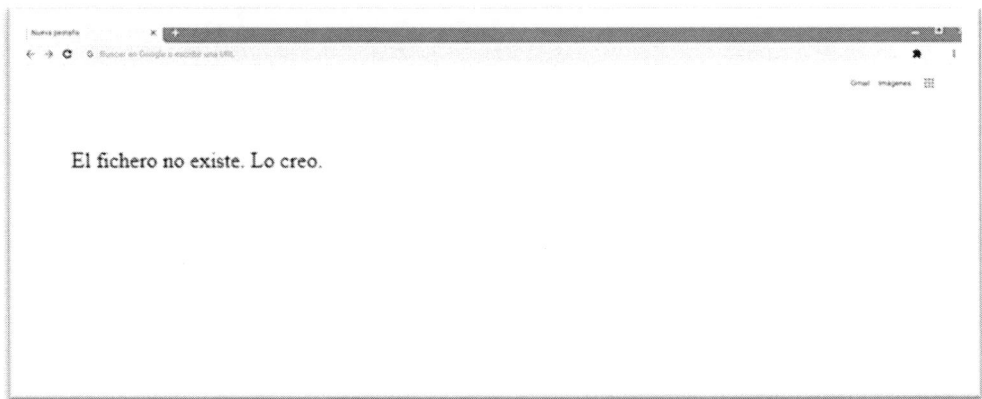

61 – Recibir variables por URL mediante un enlace GET

Creamos un archivo "ficha.php" con el formulario:

```html
<html>
<head>
<title>Lista de clientes.</title>
</head>

<body>
<!-- A través de la variable id enviamos el valor 324 -->
¿Buscar la ficha -- <a href="ficha.php?id=2017">Ver ficha del cliente</a>
</body>
</html>
==============================
<html>
<head>
<title>Recibo cliente. </title>
</head>
```

```
<body>
<!-- Recibimos la variable id y la guardamos en la
variable identificadora y la imprimimos en pantalla -->

<?php
// Configura la codificación de caracteres en la respuesta HTTP
header('Content-Type: text/html; charset=UTF-8')
$identificador = $_GET['id'];
echo "El identificador de este cliente es: $identificador";
?>
</body>
</html>
```

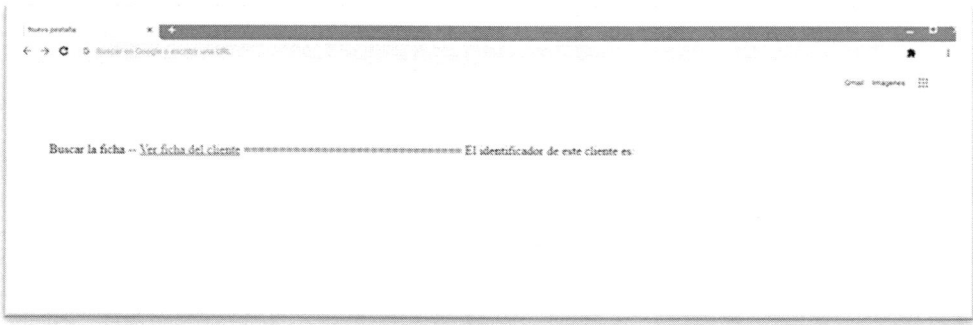

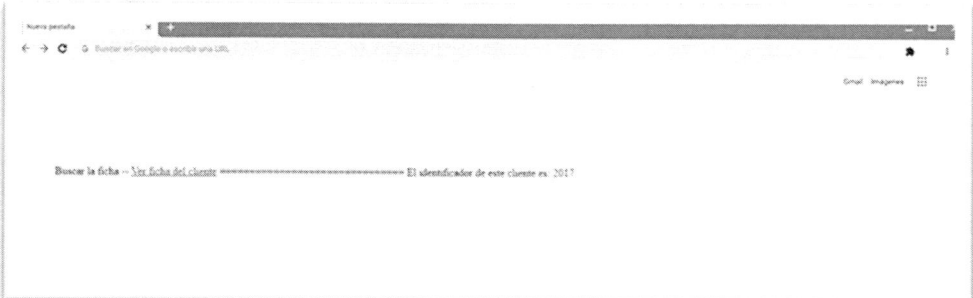

62 – Contador de visitas mediante la función fread

```
<?php
// Configura la codificación de caracteres en la respuesta HTTP
header('Content-Type: text/html; charset=UTF-8');
// Contador de visitas
```

```php
// Archivo donde se acumulará el número de visitas
$archivo = "visitas.txt";
// Abrimos el archivo para solamente leerlo (r de read)
$abre = fopen($archivo, "r");
// Leemos el contenido del archivo
$total = fread($abre, filesize($archivo));
// Cerramos la conexión al archivo
fclose($abre);
// Abrimos nuevamente el archivo
$abre = fopen($archivo, "w");
// Sumamos 1 nueva visita $total++;
$total = $total + 1;
// Y reemplazamos por la nueva cantidad de visitas
$grabar = fwrite($abre, $total);
// Cerramos la conexión al
fclose($abre);
// Imprimimos el total de visitas dándole un formato
echo "<font face='verdana' size='1' color='#07b7f7'>Eres el usuario número:
".$total." muchas gracias por tu visita</font>";
?>
```

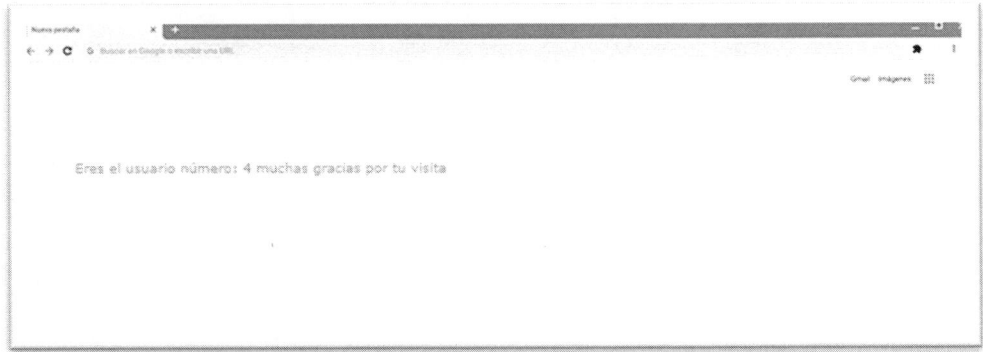

63 – Tablas de multiplicar FOR

```php
<?php
for ($i = 1; $i <= 10; $i++)
{
   for ($a = 1; $a <= 10; $a++)
     {
```

```
        echo $i ."X" . $a ."=".$i*$a ."<br>";
    }
}
?>
```

64 – Botón compartir WhatsApp

Guardamos en la misma carpeta del código un archivo "compartir.png" que será el botón del enlace:

```
<?php
// Configura la codificación de caracteres en la respuesta HTTP
header('Content-Type: text/html; charset=UTF-8');
$web="https://www.google.es"; //ejemplo de web
// Botón de WhatsApp"
echo '<a href="whatsapp://send?text=Fisik necesita tu ayuda. Haz clic en el enlace para saber más: ' . $web . '" data-action="share/whatsapp/share">
<img src="compartir.png" width="31px" height="31px" style="float: left; margin-left: 10px;">
</a>';
?>
```

65 – Botón compartir mail

Guardamos en la misma carpeta del código un archivo "compartir.png" que será el botón del enlace:

```php
<?php
// Configura la codificación de caracteres en la respuesta HTTP
header('Content-Type: text/html; charset=UTF-8');

$web="https://www.google.es"; //ejemplo de web
echo "Botón compartir correo <br>";

echo '<a href="mailto:?subject=Te envío información
importante&body=¡Hola! Te envío este contenido porque creo que te puede
interesar y pensé en compartirlo contigo: '.$web.'" title="Compartir"><img
src="compartir.png" width="31px" height="31px" style="float: left; margin-left:
35px;"></a>';
?>
```

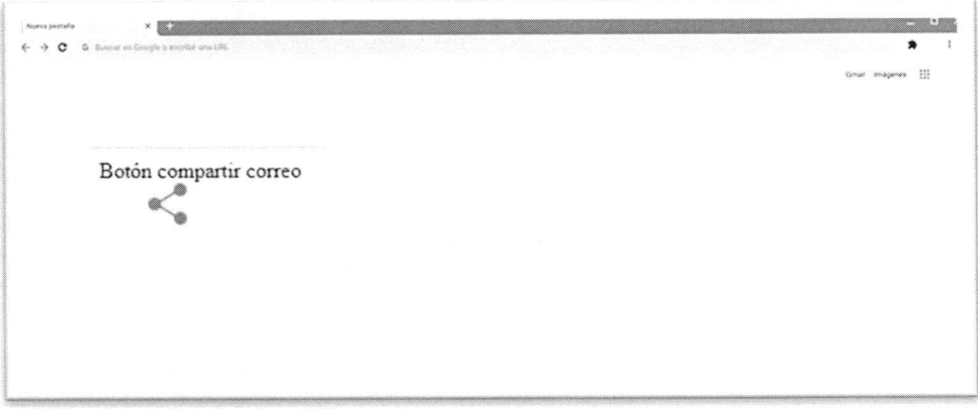

66 – Botón llamar por teléfono

```
<html>
<head>
<meta http-equiv="Content-Type" content="text/html; charset=utf-8" />
<title>Botón llamar por teléfono</title>
</head>

Botón llamar por teléfono

<a href="tel:+34934150818">
    <img src="telf.png" alt="Llamar" width="100" height="100">
</a>
<body>
</body>
</html>
```

67 – Botón Windows.location() en JavaScript

```
<html>
<head>
<meta http-equiv="Content-Type" content="text/html; charset=utf-8" />
<title>botón js sencillo con css</title>
```

```html
<! -- css para darle diseño-->
<style>
  .my-button {
    display: inline-block;
    padding: 10px 20px;
    border-radius: 5px;
    border: none;
    background-color: #3498db;
    color: #fff;
    font-size: 16px;
    font-weight: bold;
    text-align: center;
    text-decoration: none;
    transition: background-color 0.3s ease;
    cursor: pointer;
  }
  .my-button:hover {
    background-color: #3e8e41;
  }
</style>
</head>
<body>
<!-- Boton en JS para redireccionar a una página concreta-->
<button class="my-button"
onclick="window.location.href='https://www.ejemplo.com'">Haz clic
aquí</button>
</body>
</html>
```

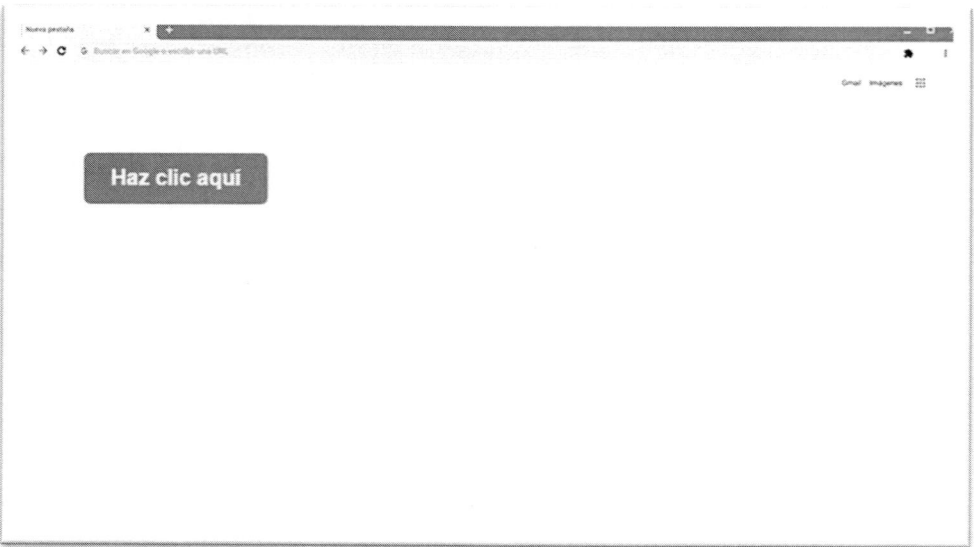

68 – Botón reproducir mp3 en JavaScript

Guardamos en la misma carpeta del código y los archivos "pause.png", "play.png" y "sound.mp3":

```html
<html>
<head>
<meta http-equiv="Content-Type" content="text/html; charset=utf-8" />
<title>Botón reproducir mp3</title>

<style type="text/css">
#boton {
        text-align: center;
}
</style>
</head>
<body>
<audio id="audio" src="sound.mp3" autoplay loop></audio>

<div align="center">
  <input type="image" id="botón" value="Reproducir" src="pause.gif" />
</div>
```

```
<script>
var isOn = false;

function presionar() {
  var audio = document.getElementById("audio");
  var boton = document.getElementById("boton");
  if (isOn) {
    boton.src = "pause.gif";
    audio.pause();
  } else {
    boton.src = "play.gif";
    audio.play();
  }
  isOn = !isOn;
}
window.addEventListener("load", function(){
  audio.play();
  var boton = document.getElementById("boton");
  boton.addEventListener("click", presionar, false);
}, false);
</script>

</body>
</html>
```

69 – Botón windows.close(), cerrar ventana en JavaScript

```php
<?php
// Botón que cierra la ventana
echo    "<input    name='button'    type='button'    onclick='window.close();'
value='Cerrar esta ventana' />";
?>
```

70 – Botón efecto css

```html
<html>
<head>
<meta http-equiv="Content-Type" content="text/html; charset=utf-8" />
<title>Botón efecto css</title>
<style>

 .button {
   background-color: #4CAF50; /* Verde */
   border: none;
   color: white;
   padding: 15px 32px;
   text-align: center;
   text-decoration: none;
   display: inline-block;
   font-size: 16px;
```

```
  margin: 4px 2px;
  cursor: pointer;
  transition: transform 0.2s;
 }

 .button:hover {
  transform: scale(1.1);
 }
</style>
</head>
<body>
<button class="button">Haz clic aquí</button>
<button class="button">Haz clic aquí</button>
<button class="button">Haz clic aquí</button>
</body>
</html>
```

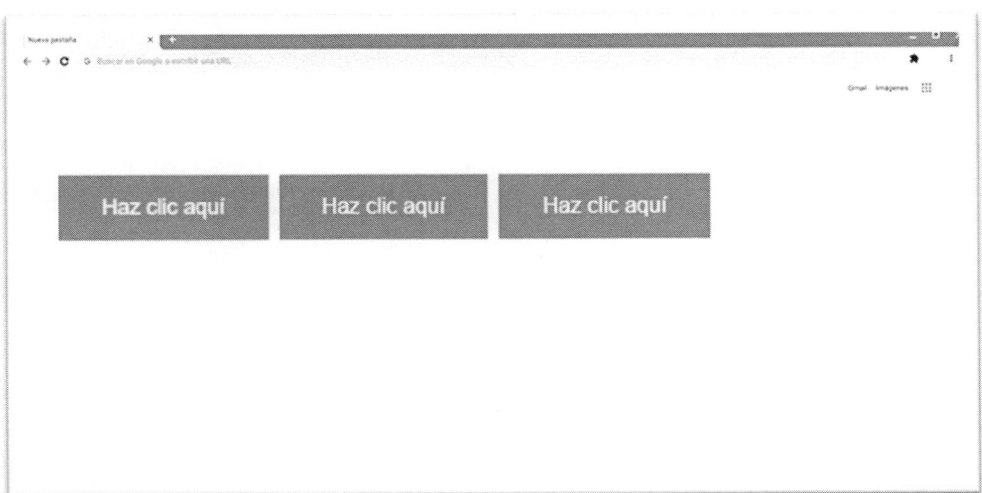

71 – Acceso de usuario con contraseña y sesión

Creamos un archivo "index.php" con el formulario:

```
<html>
<head>
<title>Autentificación PHP</title>
```

```
</head>
<body>
<h1>Autentificación PHP</h1>
<form action="control.php" method="POST">
<tr>
<td align="right">USER:</td>
<td><input type="Text" name="usuario" size="8" maxlength="50"></td>
</tr>
<tr>
<td align="right">PASSWD:</td>
<td><input type="password" name="contraseña" size="8"
maxlength="50"></td>
</tr>
<tr>
<td colspan="2" align="center"><input type="Submit"
value="ENTRAR"></td>
</tr>
</table>
</form>
</body>
</html>
```

Creamos un archivo "control.php" con el formulario:

```php
<?php
//vemos si el usuario y contraseña es válido
if ($_POST["usuario"] == "entrar" && $_POST["contrasena"] == "qwerty"){
    //usuario y contraseña válidos
    //defino una sesión y guardo datos
    session_start();
    $_SESSION["autentificado"] = "SI";
    header ("Location: aplicacion.php");
}else {
    //si no existe, le mando otra vez a la portada
    header("Location: index.php?errorusuario=si");
}
?>
```

Creamos un archivo "aplicacion.php" con el formulario:

```html
<html>
<head>
<title>Aplicación segura</title>
</head>
<body>
<h1>Si estás aquí es que te has autentificado</h1>
<br>
</body>
</html>
```

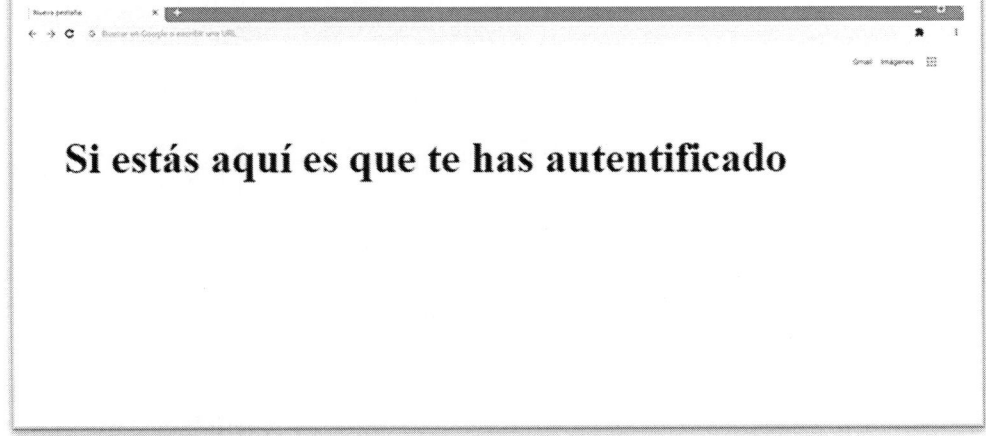

72 – Validar un mail

Creamos un archivo "formulario.html" con el formulario:

```
<html>
<body>
<form method = "GET" action = "vmail.php">
<strong>Comprobar Mail:</strong>
<input type="email" name="email" size="20"><br><br>
<input type="submit" value="Buscar">
</form>
</body>
</html>
```

Creamos un archivo "vmail.php" con el formulario:

```
<?php
// Validar e.mail
$email = $_POST['email'];
if(!preg_match("/^[a-zA-Z0-9_\.\-]+@[a-zA-Z0-9\-]+\.[a-zA-Z0-9\-\.]+$/",$email)) {
        echo 'Email válido.';
}
?>
```

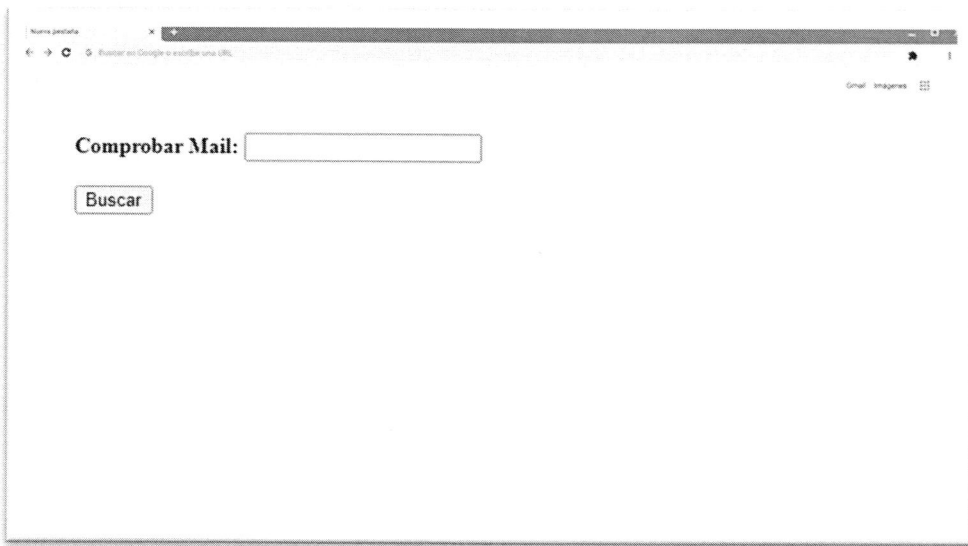

73 – Link – enviar una variable a un archivo PHP

Creamos un archivo "fenviar.html" con el formulario:

```html
<html>
<head>
<meta http-equiv="Content-Type" content="text/html; charset=utf-8" />
<title>Enviar valor de variable</title>
</head>
<?
// Enviar el valor hola de la variable &mensaje a un archivo PHP
// llamado ver.php
$mensaje="hola";
?>
enviar el mensaje "hola" <a href="ver.php?mensaje=<? echo $mensaje ?>">
click aquí</a>
<body>
</body>
</html>
```

Creamos un archivo "ver.php" con el formulario:

```php
<?php
$mensaje = $_GET['mensaje'];
echo "El mensaje recibido es: ".$mensaje;
?>
```

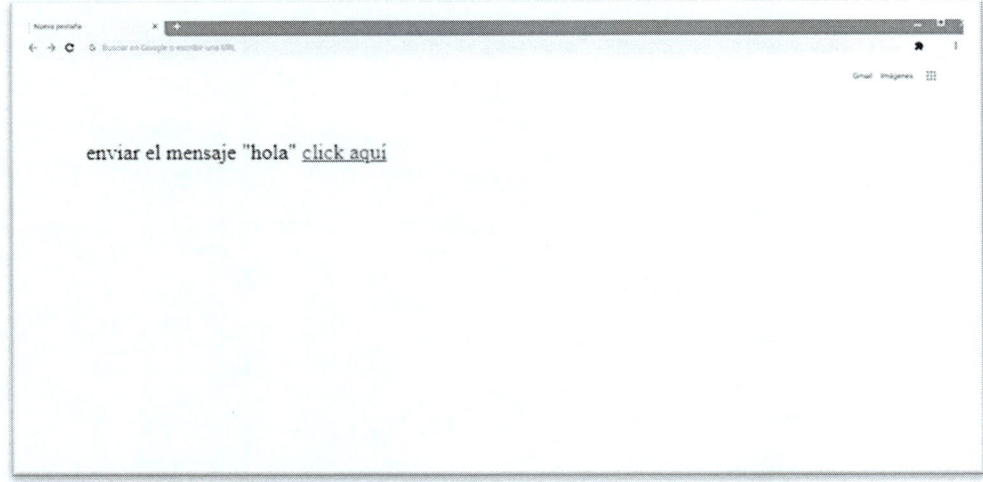

74 – Link – redirección con tiempo

Creamos un archivo "redireccion.php" con el formulario:

```php
<?php
// Redireccionar a una página web en dos segundos
echo "<META HTTP-EQUIV='Refresh' CONTENT='2; url=envio.php'>";
?>
```

Creamos un archivo "envio.php" con el formulario:

```php
<?php
// Redireccionar a una página web, en dos segundos
echo "redirección correcta!!!";
?>
```

75 – Link – enviar variable con URL imagen área shape

Creamos un archivo "enviar.php" y colocamos una imagen "lupa.jpg" en la carpeta del ejemplo:

```php
<?php
$facebook = "https://www.facebook.es";
?>
```

```html
<img src="lupa.JPG" width="128" height="128" border="0" usemap="#Map" />
<map name="Map" id="Map">
<area shape="rect" coords="16,18,110,117" href="<?php echo $facebook; ?>" />
</map>
```

76 – Link – enviar variable con URL en una imagen

Creamos un archivo "enviar.php" y colocamos una imagen "lupa.jpg" en la carpeta del ejemplo:

```php
<?php
$facebook="http://www.facebook.es";
?>
<a href="<?php echo $facebook; ?>"><img src="lupa.JPG" /></a>
```

77 – Link – enviar variable con URL texto

Creamos un archivo "enviar.php":

```php
<?php
$facebook="http://www.facebook.es";
?>
<a href="<?php echo $facebook; ?>">Ir a Facebook</a>
```

78 – Link – JavaScript con una variable en PHP

```php
<?php
/* Link con la URL puesta en una variable */
$web="http://www.google.es"; // Ruta de la URL
/* Abrimos el link con un script en JavaScript, pero con la URL de una
variable en PHP */
echo "<script language=Javascript> location.href=('$web'); </script>";
?>
```

79 – Animación en JavaScript

```html
<html>
<head>

<!--<Animación efecto zoom en la cifra de lo recaudado-->
<style>
@keyframes miAnimacion {
  0% {
    transform: scale(1);
  }
  50% {
    transform: scale(1.2);
  }
  100% {
    transform: scale(1);
  }
```

```
}
#apDiv1 {
        position: absolute;
        left: 403px;

        top: 255px;
        width: 590px;
        height: 126px;
        z-index: 1;
        alignment-adjust: central;
}
</style>

<meta http-equiv="Content-Type" content="text/html; charset=utf-8" />
<title>Animación Zoom</title>

</head>

<body>

<div id="apDiv1"> <span style="display: block; font-family: itim; margin: 0
auto; font-size: 50px; color: grey; animation: miAnimacion 1s infinite;
alignment-adjust: central;">10,75€</span>'</div>

</body>
</html>
```

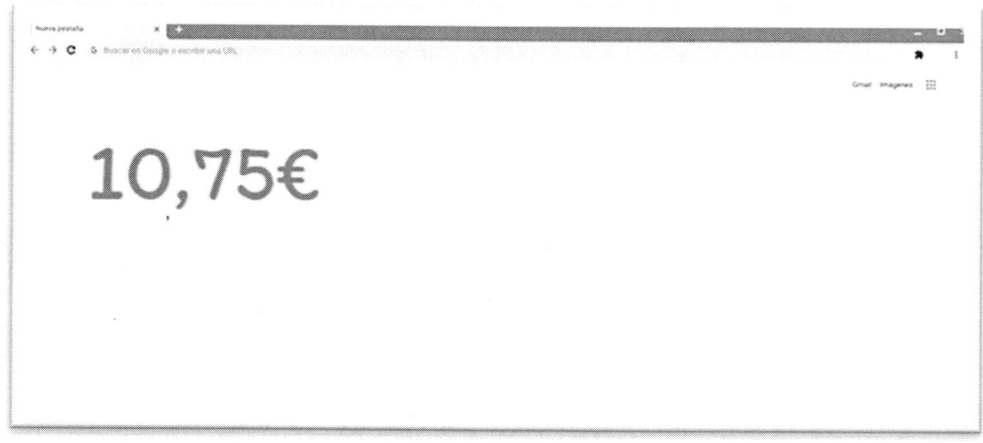

80 – Detectar la resolución de pantalla y redirigir en JavaScript

```
<!DOCTYPE html>
<html>
<head>
  <title>Redirección según Resolución de Pantalla</title>
  <script>
    // Obtener la resolución de pantalla con JavaScript
    var screenWidth = window.innerWidth ||
document.documentElement.clientWidth || document.body.clientWidth;
    var screenHeight = window.innerHeight ||
document.documentElement.clientHeight || document.body.clientHeight;

    // Mostrar la resolución en la página
    function mostrarResolucion() {
      var resolucionElemento = document.getElementById("resolucion");
      resolucionElemento.textContent = "Resolución de pantalla: " +
screenWidth + "x" + screenHeight;
    }
    // Redirigir según la resolución de pantalla
    function redirect() {
      if (screenWidth >= 1024) {
        // Redirigir a un enlace si es una pantalla de escritorio
        // (resolución igual o mayor a 1024px)
        window.location.href = 'pc.html';
      } else if (screenWidth >= 1024 && screenWidth < 1340) {
        // Redirigir a otro enlace si es una tablet (resolución entre
        // 768px y 1023px)
        window.location.href = 'tablet.html';
      } else {
        // Redirigir a otro enlace si es un dispositivo móvil (resolución
        // menor a 768px)
        window.location.href = 'movil.html';
      }
    }
```

```
    </script>
  </head>
  <body onload="mostrarResolucion(); redirect();">
    <p id="resolucion"></p>
  </body>
</html>
```

81 – Ocultar la URL de un archivo en la descarga

```php
<?php
// Permite la descarga de un archivo ocultando su ruta

$nombre = "Coches.jpg";
$filename = "carpeta_x/archivo.zip";
$size = filesize($filename);
header("Content-Transfer-Encoding: binary");
header("Content-type: application/force-download");
header("Content-Disposition: attachment; filename=$nombre");
header("Content-Length: $size");
readfile("$filename");
?>
```

82 – Cerrar la ventana del navegador con JavaScript

```php
<?php
echo "<script languaje='javascript'
type='text/javascript'>window.close();</script>";
?>
```

83 – Mostrar el mensaje campo obligatorio en JavaScript

```
<html>
<head>
<script language="JavaScript">
function verificar() {
  if (document.formulario.nombre.value === "") {
    alert("Debe rellenar el campo nombre");
```

```
} else {
    window.location.replace("destino.php");
  }
}
</script>
</head>
<body>
<form name="formulario" method="post" action="destino.php">
 Nombre:  <input type="text" name="nombre"><br>
 <input type="button" value="Enviar" onClick="verifica()">
</form>
</body>
</html>
```

84 – Mensaje alert JavaScript

```
<html>
<head>
<meta http-equiv="Content-Type" content="text/html; charset=iso-8859-1" />
<title>Hola Mundo</title>
```

```
<script type="text/javascript">
alert("Hola, Mundo!");
</script>
</head>
<body>
<p>ejemplot</p>
</body>
</html>
```

85 – Descargar un archivo del servidor PHP

Creamos una carpeta y copiamos el archivo "imagen.jpg" dentro:

```php
<?php
$filename = 'imagenes/imagen.jpg'; // Ruta y nombre del archivo que
deseas descargar
if (file_exists($filename)) {
    header('Content-Description: File Transfer');
```

```php
header('Content-Type: application/octet-stream');
header('Content-Disposition: attachment; filename=' . basename($filename));
header('Content-Transfer-Encoding: binary');
header('Expires: 0');
header('Cache-Control: must-revalidate');
header('Pragma: public');
header('Content-Length: ' . filesize($filename));
ob_clean();
flush();
readfile($filename);
exit;
} else {
    echo 'El archivo no existe.';
}
?>
```

86 – Onclick con popup de confirmación en JavaScript

```html
<!DOCTYPE html>
<html>
<head>
<meta http-equiv="Content-Type" content="text/html; charset=utf-8" />
    <title>onclick con poup</title>
    <!-- Aquí puedes incluir tus enlaces a archivos CSS y otras etiquetas de
encabezado -->
</head>
<body>
    <!-- Contenido de tu página -->

    <form id="myForm" action="procesar_formulario.php" method="post">
        <!-- Tus campos de formulario aquí -->
        <button type="submit" onclick="mostrarMensaje(event)">Activar
perfil</button>
    </form>
    <script>
        function mostrarMensaje(event) {
```

```
        event.preventDefault(); // Evita el envío del formulario por defecto

        var confirmacion = confirm('¿Estás seguro de que deseas activar tu
perfil?');
        if (confirmacion) {
            event.target.form.submit(); // Envía el formulario
            console.log('Perfil activado');
        } else {
            console.log('Activación de perfil cancelada');
            return; // Sale de la función sin hacer nada adicional
        }
    }
  </script>
</body>
</html>
```

87 – Div desaparece en 2 segundos en JavaScript

```
<html>
<head>
<meta http-equiv="Content-Type" content="text/html; charset=utf-8" />
<title>Div que aparece y desaparece en 2 segundos</title>
<style>
#miDiv {
        background-color: #FFF;
        text-align: center;
        line-height: 200px;
        display: block;
}
</style>
</head>
<body>
<div id="miDiv"> <img src="cargando-loading-033.gif" width="50"
height="50" alt="Imagen 1"></div>
</body>

 <script>
var miDiv = document.getElementById("miDiv");

setTimeout(function() {
  miDiv.style.display = "none";
}, 2000);
 </script>
</html>
```

88 – Mostrar un div oculto en JavaScript

```
<html>
<head>
<meta http-equiv="Content-Type" content="text/html; charset=utf-8" />
<title>Mostrar div oculto</title>
</head>
<body>
```

```
<!-- botón para mostrar/ocultar el div -->
<button type="button" onclick="mostrarOcultarDiv()">Activar perfil</button>

<div id="mensaje" style="display: none; color: orange;">
 <br>
 Subiendo archivos... espera un momento.
</div>

<script>
 function mostrarOcultarDiv() {
   var mensajeDiv = document.getElementById("mensaje");
   if (mensajeDiv.style.display === "none") {
     mensajeDiv.style.display = "block";
   } else {

     mensajeDiv.style.display = "none";
   }
 }
</script>
</body>
</html>
```

89 – Div de color gris en el centro de la página en JavaScript

```
<!DOCTYPE html>
<html>
<head>
<meta http-equiv="Content-Type" content="text/html; charset=utf-8" />
  <style>
    #cuadro-gris {
    background-color: rgba(64, 64, 64, 0.7); /* El último valor (0.5) controla
la opacidad */
      padding: 10px;
      width: 5cm; /* Ajusta la altu */
      height: 3cm; /* Ajusta la altura aquí */
      margin: 5cm auto 0; /* Ajustar vertical */
/*     float: left; */
    }
/*   body {
      margin: 50;
      padding: 50;
    }*/
  </style>
</head>
<body>
  <div id="cuadro-gris">
    <p>Tu texto aquí o imagen aquí</p>
  </div>
</body>
</html>
```

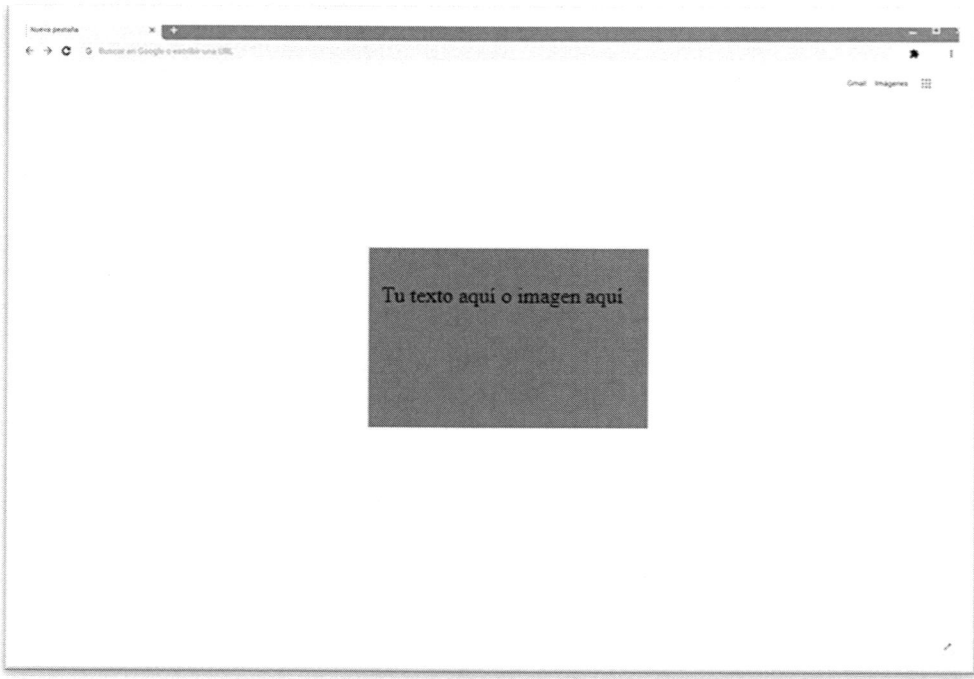

90 – Formulario y botón con css

Creamos una carpeta css y copiamos el archivo "formulario.css" dentro:

```
@charset "utf-8";
/* CSS Document */
  /* Estilos para el formulario */
  .form-container {
    background-color: #f2f2f2;
    padding: 20px;
    border-radius: 15px;
    box-shadow: 0px 0px 10px 0px rgba(0,0,0,0.2);
    max-width: 290px;
    margin: 0 auto;
  }
/* CSS Título */
  .form-container h2 {
```

```css
        text-align: center;
        margin-bottom: 40px;
        color: #333;
        font-weight: 700;
                font-family: 'Itim', cursive;
                font-family: 'Quicksand', sans-serif;
                font-weight: bold;
    }
/* CSS Nombre y Comentario */
    .form-container label {
        font-weight: 700;
        color: #333;
        display: block;
        margin-bottom: 15px;
        text-align: left;
        font-family: 'Itim', cursive;
        font-family: 'Quicksand', sans-serif;
    }
/* CSS Inputs */
    .form-container input[type=text], .form-container textarea {
        padding: 3px;
        width: 100%;
        border: none;
        border-radius: 5px;
        margin-bottom: 25px;
        font-size: 20px;
        font-family: "Arial Black", Gadget, sans-serif;
    }
/* CSS textarea Comentario*/
    .form-container textarea {
      height: 100px;
    }
/* CSS Boton azul*/
    .form-container button[type=submit] {
      background-color: #3498db;
      color: #fff;
```

```
    border: none;
    white-space: nowrap;
    padding: 10px 85px;
    border-radius: 5px;
    font-size: 16px;
    font-weight: 600;
    cursor: pointer;
    transition: all 0.3s ease-in-out;
  }
/* CSS background Boton color azul*/
  .form-container button[type=submit]:hover {
    background-color: #2980b9;
  }
```

Creamos un archivo "formulario.html":

```
<html>
<head>
<meta http-equiv="Content-Type" content="text/html; charset=utf-8" />
<link href="css/formulario.css" rel="stylesheet" type="text/css">
<title>Documento sin título</title>
</head>
<body>
<div class="form-container">
<h2>Hablar con el usuario</h2>
  <form action="#" method="post">
    <label for="name">Nombre:</label>
    <input type="text" id="name" name="name" placeholder="Escribe tu
nombre aquí">
    <label for="comment">Comentario:</label>
    <textarea id="comment" name="comment" placeholder="Escribe tu
comentario aquí"></textarea>
    <button type="submit">Enviar mensaje</button>
  </form>
</div>
</body>
```

```
</html>
```

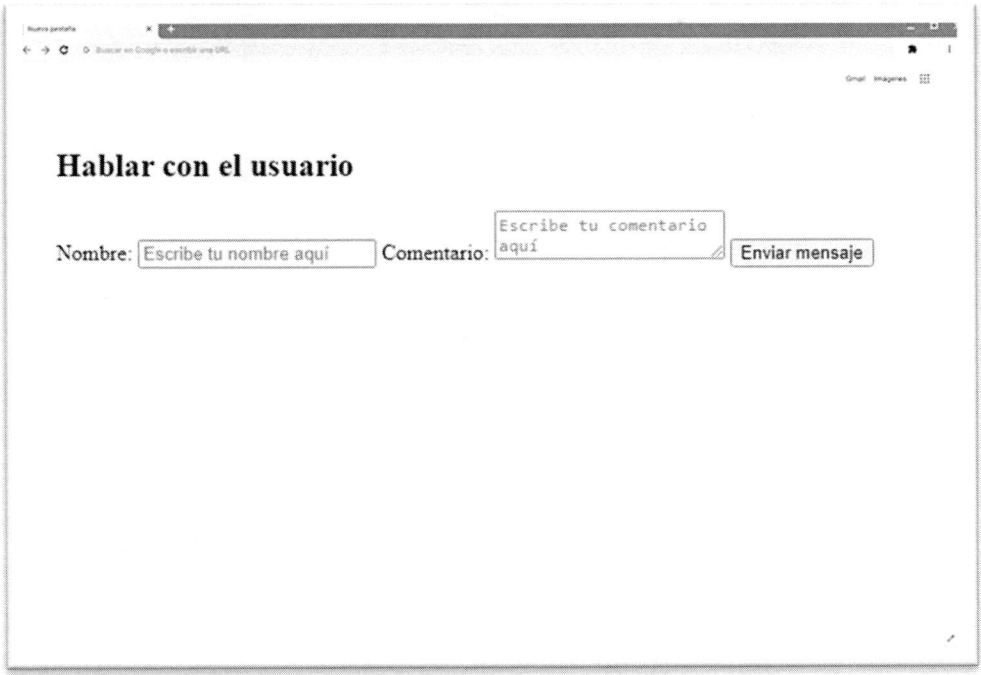

91 – Tooltips con css

```
<!DOCTYPE html>
<html>
<style>
a.tooltip{
    position:relative;
    }
    a.tooltip:hover{
    text-decoration:none;
    }
    a.tooltip:after{
    content: attr(tip);
    font-family:Arial, Helvetica, sans-serif;
    font-size:90%;
```

```
line-height:1.2em;
color:#fff;
width:200px;
padding:5px 10px;
-moz-border-radius:6px;
-webkit-border-radius:6px;
border-radius:6px;
background:#c00d3f;
background:-webkit-linear-gradient(#c00d3f, #7b0a2a);
background:-moz-linear-gradient(#c00d3f, #7b0a2a);
background:-o-linear-gradient(#c00d3f, #7b0a2a);
background:-ms-linear-gradient(#c00d3f, #7b0a2a);
background:linear-gradient(#c00d3f, #7b0a2a);
-moz-box-shadow: 3px 3px 4px rgba(0,0,0, .65);
-webkit-box-shadow: 3px 3px 4px rgba(0,0,0, .65);
box-shadow: 3px 3px 4px rgba(0,0,0, .65);
position:absolute;
top:27px;
left:-10px;
display:none;
}
a.tooltip:before{
z-index:1000;
position:absolute;
content:"";
top:15px;
left:0px;
border-right:7px transparent solid;
border-left:7px transparent solid;
display:none;
}
a.tooltip:hover{
z-index:1000;
position:relative;
color:#8325f7;
}
```

```
a.tooltip:hover:after{
display:block;
}
a.tooltip:hover:before{
display:block;
}

</style>
<body style="text-align:center;">

<h2>Tooltip</h2>
<p>Mueve el cursor para que aparezca el tooltips:</p>
<p><a class="tooltip" href="#" tip="Mensaje del tooltip que quieras
poner">Ejemplo de tooltip</p>

</body>
</html>
</html>
```

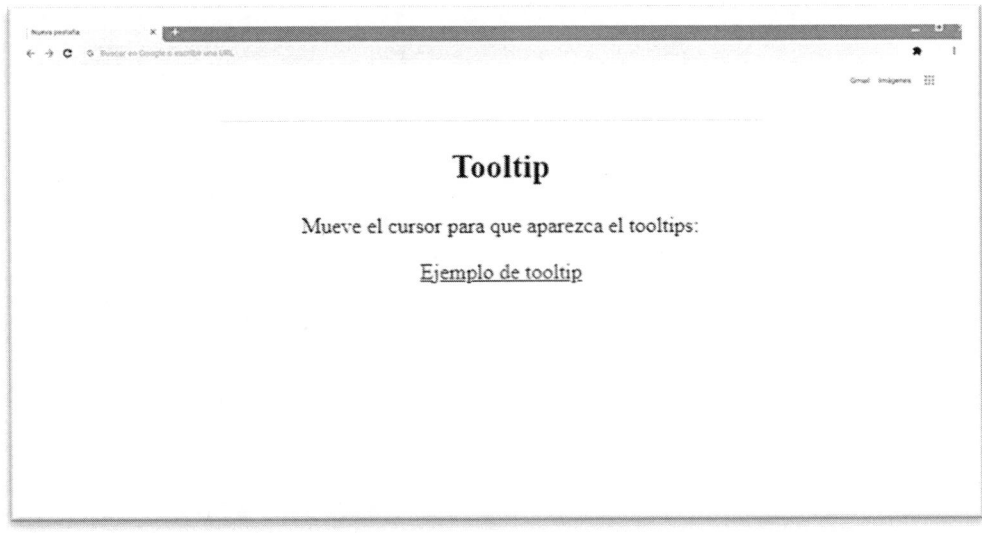

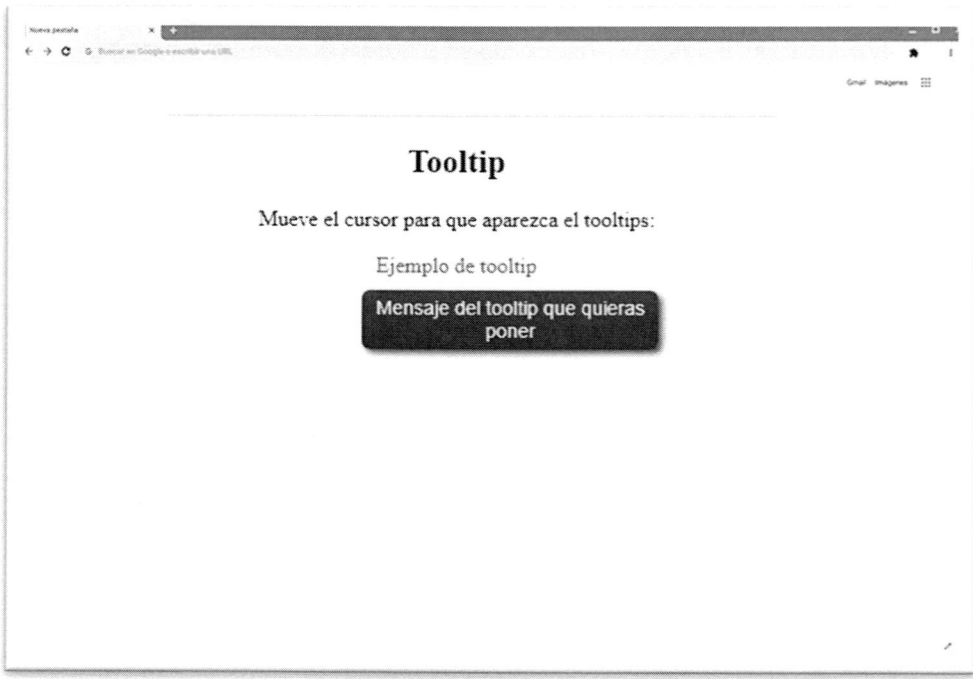

92 – Pop-up en JavaScript

```
<!doctype html>
<html>
<head>
<script language=javascript>
function ventanaSecundaria (URL){
   window.open(URL,"ventana1","width=300,height=300,scrollbars=NO")
}
ventanaSecundaria("https://www.google.com");
</script>
<meta charset="utf-8">
<title>popup</title>
</head>
<body>
</body>
</html>
```

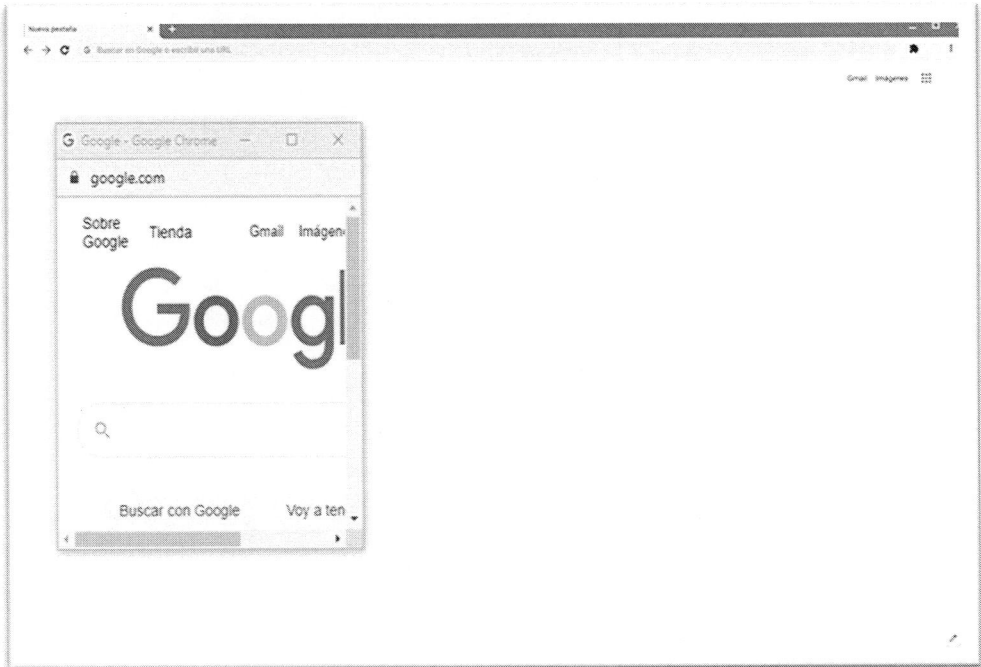

93 – Mensaje que pide al usuario que acepte o no las condiciones en JavaScript

```
<html>
<head>
<title>Permite continuar tras aceptar</title>
<script language="JavaScript">
var agree=confirm ("Este script te permite avisar a los visitantes sobre el
contenido de la página aceptándolo o rechazándolo.\n"+
"Si no estás de acuerdo pulsa Cancelar\n"+
"\n"+
"Si tu página tiene contenidos no aptos para todos los públicos este es un
script ideal\n"+
"ya que evitas así que entre quien no quiere ver tales contenidos.\n"+
"\n"+
"Puedes decir tanto como quieras.\n"+
```

"Pero procura no aburrir contando toda una historia de la Roma Imperial.\n"+
"\n"+
"Si pulsas en ACEPTAR es porque aceptas el contenido.\n"+
"Si pulsas CANCELAR serás enviado a una web apta para todos los públicos.");
if (agree)
    window.location.href = "https://www.yahoo.com";
else
    window.location.href = "https://www.google.es";
</script>
</head>
<body>
<p><a
href="http://www.aprendephp.com">www.aprendephp.com</a></p>
</body>
</html>

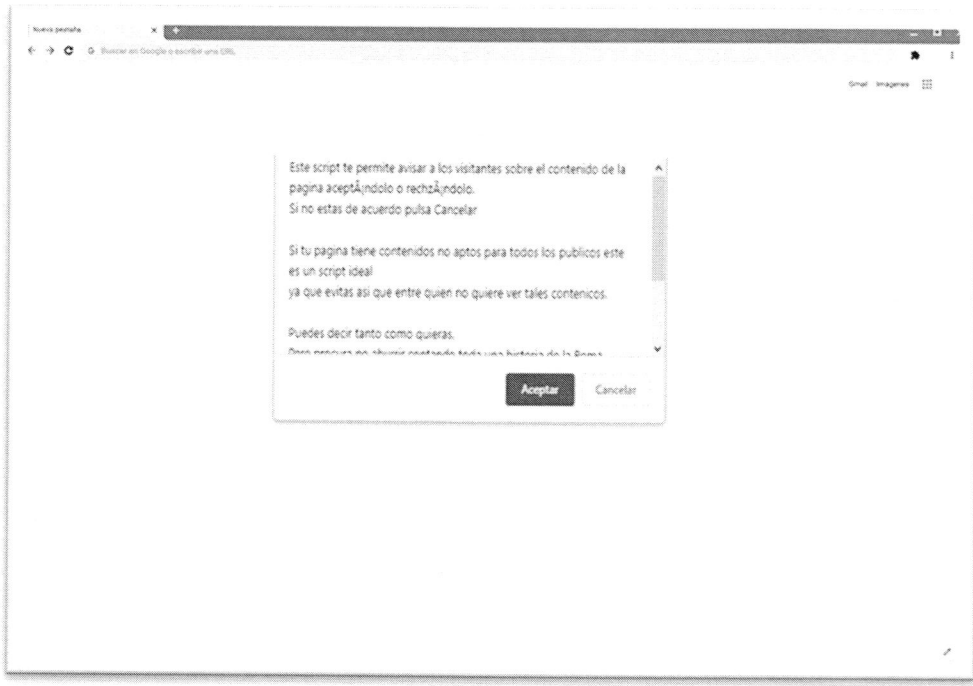

94 – Campo obligatorio muestra mensaje en JavaScript

```
<html>
<head>
<?
echo " <script language=\"JavaScript\">
 function verifica(){
 if (document.formulario.nombre.value==\"\")
        alert (\"Debe rellenar el campo nombre\");
  else
        window.location.replace(\"destino.php\")
 } </script>";
?>
</head>
<body>
 <form name=formulario method=post action=destino.php>
  Nombre:  <input type=text name=nombre><br>
  <input type=button value=Enviar onClick="verifica('nombre')">
 </form>
</body>
</html>
```

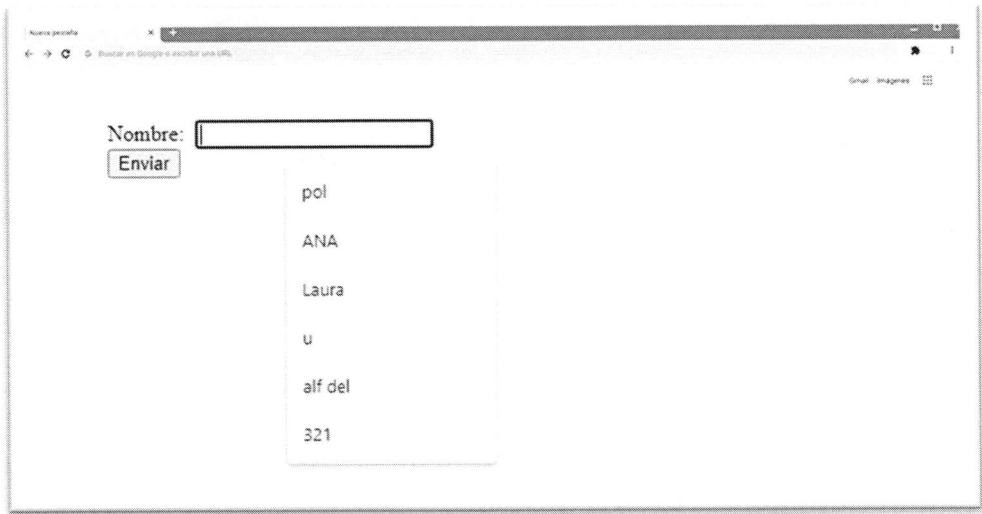

95 – Footer responsive

```
<!DOCTYPE html>
<html>
<head>
<meta name="viewport" content="width=device-width, initial-scale=1">
<style>
.footer {
        position: fixed;
        left: 0;
        bottom: 0;
        width: 100%;
        background-color: #69F;
        color: white;
        text-align: center;
}
</style>
</head>
<body>
<h2>Fixed/Sticky Footer Example</h2>
<p>The footer is placed at the bottom of the page.</p>
<h2>Fixed/Sticky Footer Example</h2>
<p>The footer is placed at the bottom of the page.</p>
<h2>Fixed/Sticky Footer Example</h2>
<p>The footer is placed at the bottom of the page.</p>
<h2>Fixed/Sticky Footer Example</h2>
<p>The footer is placed at the bottom of the page.</p>
<h2>Fixed/Sticky Footer Example</h2>
<p>The footer is placed at the bottom of the page.</p>
<h2>Fixed/Sticky Footer Example</h2>
<p>The footer is placed at the bottom of the page.</p>
<h2>Fixed/Sticky Footer Example</h2>
<p>The footer is placed at the bottom of the page.</p>
<h2>Fixed/Sticky Footer Example</h2>
<p>The footer is placed at the bottom of the page.</p>
<h2>Fixed/Sticky Footer Example</h2>
<p>The footer is placed at the bottom of the page.</p>
```

```html
<h2>Fixed/Sticky Footer Example</h2>
<p>The footer is placed at the bottom of the page.</p>
<h2>Fixed/Sticky Footer Example</h2>
<p>The footer is placed at the bottom of the page.</p>
<h2>Fixed/Sticky Footer Example</h2>
<p>The footer is placed at the bottom of the page.</p>
<h2>Fixed/Sticky Footer Example</h2>
<p>The footer is placed at the bottom of the page.</p>
<h2>Fixed/Sticky Footer Example</h2>
<p>The footer is placed at the bottom of the page.</p>
<h2>Fixed/Sticky Footer Example</h2>
<p>The footer is placed at the bottom of the page.</p>
<h2>Fixed/Sticky Footer Example</h2>
<p>The footer is placed at the bottom of the page.</p>
<h2>Fixed/Sticky Footer Example</h2>
<p>The footer is placed at the bottom of the page.</p>
<h2>Fixed/Sticky Footer Example</h2>
<p>The footer is placed at the bottom of the page.</p>
<h2>Fixed/Sticky Footer Example</h2>
<p>The footer is placed at the bottom of the page.</p>
<h2>Fixed/Sticky Footer Example</h2>
<p>The footer is placed at the bottom of the page.</p>
<div class="footer">
  <p>Footer</p>
</div>
</body>
</html>
```

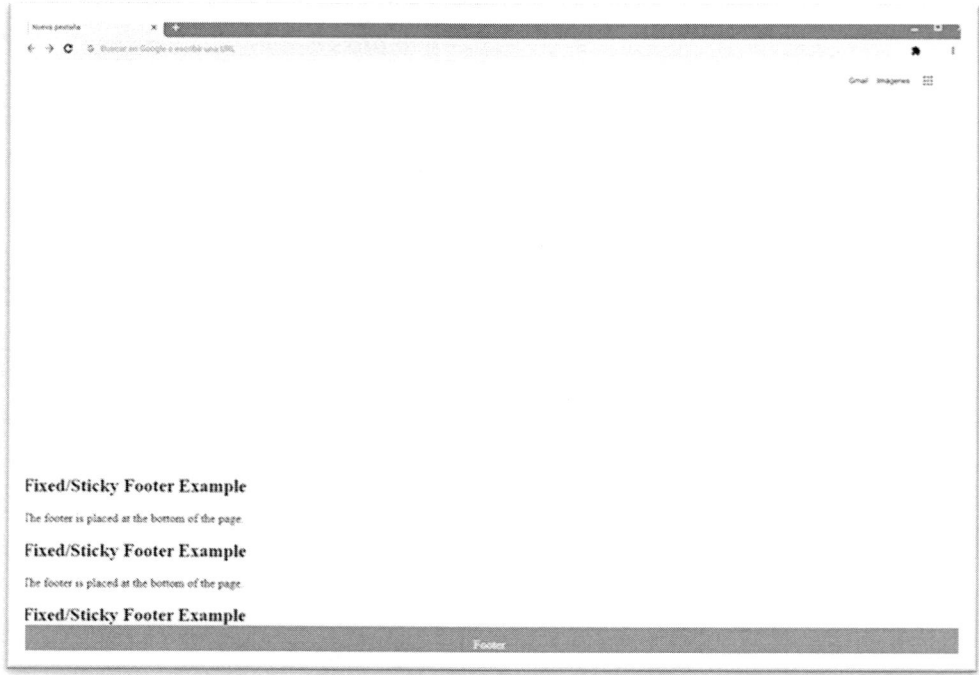

96 – API PayPal envío y recepción de valores

Creamos un archivo "custom.php" que será el que enviará junto al link del botón de compra generada por PayPal el valor al api de PayPal:

```
<html>
<head>
<meta http-equiv="Content-Type" content="text/html; charset=utf-8" />
<title>Enviar valor a Paypal</title>
</head>
<?php
$customValue = "valor_personalizado"; // es el valor que enviamos a la API de Paypal
$buttonURL =
"https://www.paypal.com/donate/?hosted_button_id=F3EV88GA3GCJN&
custom=" . urlencode($customValue) . "&sdkMeta=eyJ1cmwiOiJodHRwczovL
3d3dy5wYXlwYWwuYmplY3RzLmNvbS9kb25hdGUvc2RrL2RvbnF0ZS1zZGsu
anMiLCJhdHRycyI6eyJkYXRhLXVpZCI6IjE2OWJiODg2MjZfbXR5Nm1kZTZuZHk
```

```
ifX0&targetMeta=eyJ6b2lkVmVyc2lvbiI6IjlfMF81OCIsInRhcmdldCI6IkRPTkFU
RSIsInNka1ZlcnNpb24iOiIwLjguMCJ9";
echo '<a href="' . $buttonURL . '"><img src="otros/donativo.png"
width="34px" height="34px" style="float: left; margin-left: 15px;"></a>';
?>
<body>
</body>
</html>
```

Creamos un archivo "sucesos.php" que será el que reciba los datos y genere el fichero csv de la compra con los valores y el valor enviado por "custom.php":

```
<html>
<head>
<meta http-equiv="Content-Type" content="text/html; charset=utf-8" />
<title>Documento sin título</title>
</head>
<?php
header('HTTP/1.1 200 OK');
header("Content-Security-Policy: default-src 'self'");

// STEP 2 - create the response we need to send back to PayPal
// for them to confirm that it's legit

$resp = 'cmd=_notify-validate';
foreach ($_POST as $parm => $var) {
    $var = urlencode(stripslashes($var));
    $resp .= "&$parm=$var";
}

// STEP 3 - Extract the data PayPal IPN has sent us, into local variables

$item_name = $_POST['item_name'];
$item_number = $_POST['item_number'];
$payment_status = $_POST['payment_status'];
$payment_amount = $_POST['mc_gross'];
$payment_currency = $_POST['mc_currency'];
```

```php
$txn_id = $_POST['txn_id'];
$receiver_email = $_POST['receiver_email'];
$payer_email = $_POST['payer_email'];
$record_id = $_POST['custom'];
// Define the data to be saved in CSV format
$linea = $item_name . "," . $item_number . "," . $payment_status . "," .
$payment_amount . "," . $payment_currency . "," . $txn_id . "," .
$receiver_email . "," . $payer_email . "," . $record_id;

// Open the file in append mode
$archivo = fopen("notificacion.csv", "a"); // Creamos el archivo csv con los
                                           // datos de la compra y el dato
                                           // de custom.php
// Save the data in CSV format
fputcsv($archivo, explode(",", $linea), ";");

// Close the file
fclose($archivo);

// Save the data to a CSV file

//$csv_file = 'paypal_data.csv';
//$csv_handler = fopen($csv_file, 'a');

//$csv_data = array(
//    $item_name,
//    $item_number,
//    $payment_status,
//    $payment_amount,
//    $payment_currency,
//    $txn_id,
//    $receiver_email,
//    $payer_email,
//    $record_id
//);
```

```php
//fputcsv($csv_handler, $csv_data);

//fclose($csv_handler);
// STEP 4 - Get the HTTP header into a variable and send back the data
// we received so that PayPal can confirm it's genuine

$httphead = "POST /cgi-bin/webscr HTTP/1.0\r\n";
$httphead .= "Content-Type: application/x-www-form-urlencoded\r\n";
$httphead .= "Content-Length: " . strlen($resp) . "\r\n\r\n";

$errno = '';
$errstr = '';

$fh = fsockopen('ssl://www.paypal.com', 443, $errno, $errstr, 30);

if (!$fh) {
    // Uh oh. This means that we have not been able to get through to the
    // PayPal server. It's an HTTP failure.
    // You need to handle this here according to your preferred business logic.
    // An email, a log message, a trip to the pub...
} else {
    fputs($fh, $httphead . $resp);
    while (!feof($fh)) {
        $readresp = fgets($fh, 1024);
        if (strcmp($readresp, "VERIFIED") == 0) {
            // The IPN notification is verified
        } else if (strcmp($readresp, "INVALID") == 0) {
            // Man alive! A hacking attempt?
        }
    }
    fclose($fh);
}
?>
<body>
</body>
</html>
```

97 – Framework Bootstrap

```html
<!DOCTYPE html>
<html>
<head>
  <meta charset="UTF-8">
  <meta name="viewport" content="width=device-width, initial-scale=1.0">
  <title>Registro de Usuarios</title>
  <link rel="stylesheet" href="https://stackpath.bootstrapcdn.com/bootstrap/4.5.0/css/bootstrap.min.css">
</head>
<body>
  <div class="container">
    <h1 class="mt-5">Registro de Usuarios</h1>
    <form method="post" action="<?php echo $_SERVER["PHP_SELF"]; ?>">
      <div class="form-group">
        <label for="nombre">Nombre:</label>
        <input type="text" class="form-control" name="nombre" required>
      </div>
      <div class="form-group">
        <label for="email">Email:</label>
        <input type="email" class="form-control" name="email" required>
      </div>

      <div class="form-group">
        <label for="contrasena">Contraseña:</label>
        <input type="password" class="form-control" name="contraseña" required>
      </div>
      <button type="submit" class="btn btn-primary">Registrarse</button>
    </form>
  </div>
  <script src="https://code.jquery.com/jquery-3.5.1.slim.min.js"></script>
  <script src="https://cdn.jsdelivr.net/npm/@popperjs/core@2.5.4/dist/umd/popper.min.js"></script>
  <script src="https://stackpath.bootstrapcdn.com/bootstrap/4.5.0/js/bootstrap.min.js"></script>
```

```php
</body>
</html>

<?php
// Obtener los datos del formulario si se envió
if ($_SERVER["REQUEST_METHOD"] == "POST") {
    $nombre = $_POST["nombre"];
    $email = $_POST["email"];
    $contrasena = $_POST["contrasena"];
echo $nombre."<br>";
echo $email."<br>";
echo $contrasena."<br>";
    // Realizar el procesamiento adicional aquí, como guardar los datos
    // en una base de datos
    // Redireccionar a una página de éxito o mostrar un mensaje de éxito
    //header("Location: registro_exitoso.php");
    //exit();
}
?>
```

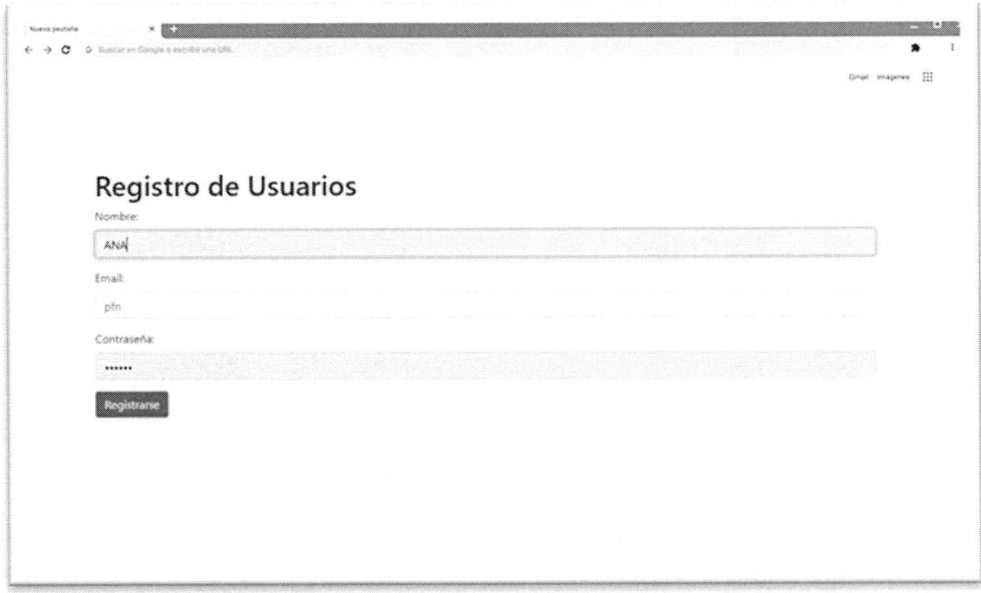

98 – Menú css cuenta de usuario

Creamos un archivo "menu.html":

```
<html>
<head>
<meta http-equiv="Content-Type" content="text/html; charset=utf-8" />
<title>Menú perfil usuario</title>
<link href="menu.css" rel="stylesheet" type="text/css">
</head>
<body>
<nav>
  <ul>
   <li>
     <a href="#"><img src="perfil.png" alt="Perfil"></a>
     <ul>
      <li><a href="#">Editar perfil</a></li>
      <li><a href="#">Cerrar sesión</a></li>
     </ul>
   </li>
   </ul>
</nav>
</body>
</html>
```

Copiamos un archivo "menu.png" en la carpeta del proyecto y creamos el archivo "menú.css":

```
@charset "utf-8";
/* CSS Document */

nav ul {
  list-style: none;
  margin: 10;
  padding: 0;
/*  background-color: #333;*/
  text-align: center;
}
```

```css
nav ul li {
  display: inline-block; /*  Coloca debajo del botón */
  position: relative;
}

nav ul li a { /* texto propiedades */
  display: block;
  padding: 1px; /* Pega o separa el menú del botón */
  color: #fff; /* color texto */
  font-size: 10px;/* Tamaño texto */
  text-decoration: none;
  font-family: Tahoma, Geneva, sans-serif;
}

nav ul li:hover {
/* background-color: #555;*/
}

nav ul ul { /* preferencias subMenú */
  display: none; /* Hace que no aparezca si no me coloco sobre *!
  position: absolute; /* posición */
  top: 98%; /* mueve con relación al botón el submenú */
  left: 0px;/* posición submenú izquierdo*/
  background-color: #999; /* color de submenú */
  width: 100px; /* ajusta el ancho del submenú */
  border-radius: 4px; /* agrega un borde redondeado */
}
nav ul ul li {
  display: block;
}

nav ul li:hover > ul {
  display: inherit;
}
nav ul ul li a {
  padding: 5px; /*Separación entre las opciones de los submenús */
}
```

```
nav ul ul li:hover
{
  background-color: #CCC; /* color sobre cuando pasas por encima de los
submenús */
}
```

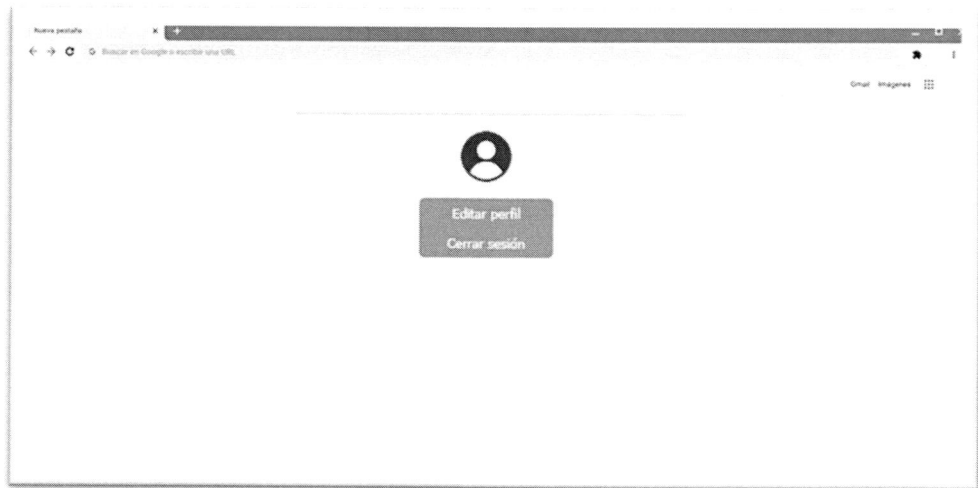

99 – Uso de fonts googleapis

```
<html>
<head>
<title>Font de google</title>
<link href="https://fonts.googleapis.com/css?family=Poppins:
100,200,300,400" rel="stylesheet" >
<meta http-equiv="Content-Type" content="text/html; charset=utf-8" />

<style type="text/css">
* {
  font-family: 'Poppins';
}
.w100 {
  font-weight: 100;
}
```

```
.w200 {
  font-weight: 200;
}
.w300 {
  font-weight: 300;
}
.w400 {
  font-weight: 400;
}
.color{
        color: #F00;
}
</style>
</head>
<p class="w100">This is 100 weight</p>
<p class="w200">This is 200 weight</p>
<p class="w300">This is 300 weight</p>
<p class="w400">This is 400 weight</p>
<body>
</body>
</html>
```

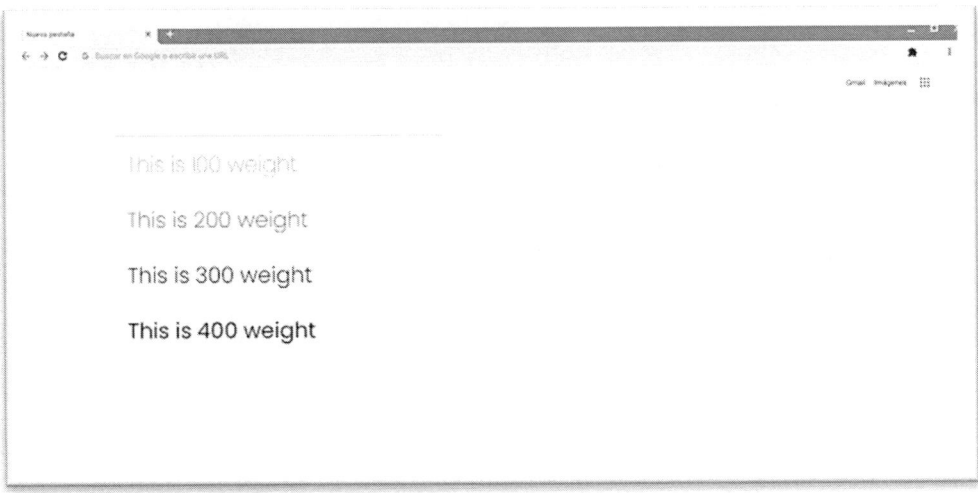

100 – Incrustar un archivo PDF en una página web

Creamos un archivo "index.html" y en la misma carpeta del archivo colocamos un PDF con el nombre "libro.pdf":

```html
<html>
<head>
<meta http-equiv="Content-Type" content="text/html; charset=utf-8" />
<title>Incrustar pdf en web</title>
</head>
<body>
<iframe src="libro.pdf" style="width:500px; height:375px;"
frameborder="0"></iframe>
</body>
</html>
```

101 – Input con foco

```
<form action="" method="post">
  <label for="username">Nombre de Usuario: </label>
  <input name="search" type="search" placeholder="Buscar" autofocus />
  <button type="submit">Enviar</button>
</form>
```

102 – Función goto error

```
<html>
<head>
<meta http-equiv="Content-Type" content="text/html; charset=utf-8" />
<title>Goto error</title>
</head>

<?php
// El código utiliza la palabra clave goto para dirigirse a la etiqueta error
// si el archivo db/cuenta.csv no existe.
$archivo = "db/cuenta.csv";
if (!file_exists($archivo)) {
  goto error; //Va a la etiqueta error
}
$archivo = fopen($archivo, "r");
while (($aDatos = fgetcsv($archivo, 800, ";")) !== false) {
  if (isset($aDatos[1]) && $aDatos[1] == $nombreArchivo) {
    echo '<span style="color: gray; font: 24px \'Quicksand\', sans-serif;">' .
$aDatos[11] . '</span>';
    echo "<br>";
    echo '<span style="color: black; font: 20px \'Quicksand\', sans-serif;">' .
$aDatos[12] . '</span>';
    echo "<br>";
    echo "<br><br>";
  }
}
fclose($archivo);
```

```
error: // Salta a la etiqueta error
echo "Error: El archivo 'db/cuenta.csv' no existe.";
?>
<body>
</body>
</html>
```

103 – Volver a la página anterior HTTP_REFERER

```
<html>
<head>
<meta http-equiv="Content-Type" content="text/html; charset=utf-8" />
<title>Redirigir página anterior</title>
</head>
<?php
if(isset($_SERVER['HTTP_REFERER'])) {
   header('Location: ' . $_SERVER['HTTP_REFERER']);
} else {
   // Si no hay una página anterior, redirige a una página por defecto
   header('Location: formulario.php');
}
exit;
?>
<body>
</body>
</html>
```

104 – Abrir una imagen dentro de un div

Creamos un archivo "jpgdiv.php" y copiamos en la misma carpeta del proyecto una imagen "foto.jpg":

```
<html>
<head>
<meta http-equiv="Content-Type" content="text/html; charset=utf-8" />
```

```
<title>Imagen dentro de div</title>
</head>
<body>
<button>
<div id="apDiv1">
<?php
// mostramos la imagen
 echo "<img src='foto.jpg' style='max-width: 300px; max-height: 300px' /> ";
?>
</div>
</button>
</body>
</html>
```

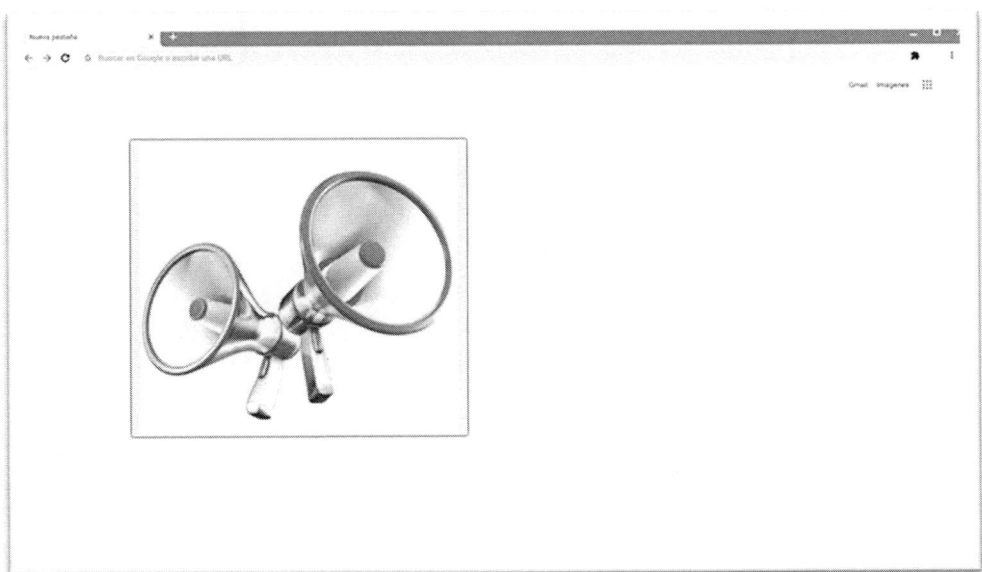

105 – Abrir imágenes aleatorias con rnd

Creamos una carpeta fondos con 2 imágenes:

```
<?php
$total = "2"; // Número total de imágenes
```

```
$extension = ".jpg";// Definimos la extensión, puede ser .jpg, gif, bmp, etc.
$carpeta = "fondos";//Carpeta con las imágenes
// De aquí para abajo no es necesario modificar nada
$start = "1";
$random = mt_rand($start, $total);
$image_name = $random . $extension;
echo "<img src='$carpeta/$image_name' border='0'>";
?>
```

106 – Abrir una imagen y cambiar su tamaño

Creamos una carpeta con el nombre "logos" y copiamos 1 imagen con el nombre "logo.jpg" dentro:

```
<?php
$origen = "logos/logo.jpg";
$destino = "logos/logonuevo.jpg";
$destino_temporal = tempnam("tmp/", "tmp");
redimensionar_jpeg($origen, $destino_temporal, 300, 350, 100);
// guardar la imagen
copy($destino_temporal, $destino);

// mostrar la imagen
echo "<img src='logos/logonuevo.jpg'>";
function redimensionar_jpeg($img_original, $img_nueva,
$img_nueva_anchura, $img_nueva_altura, $img_nueva_calidad)
{
    // crear una imagen desde el original
    $img = imagecreatefromjpeg($img_original);
    // crear una imagen nueva
    $thumb = imagecreatetruecolor($img_nueva_anchura,
$img_nueva_altura);
    // redimensionar la imagen original copiándola en la imagen nueva
    imagecopyresized($thumb, $img, 0, 0, 0, 0, $img_nueva_anchura,
$img_nueva_altura, imagesx($img), imagesy($img));
    // guardar la nueva imagen redimensionada donde se indica en $img_nueva
```

```php
    imagejpeg($thumb, $img_nueva, $img_nueva_calidad);
    imagedestroy($img);
}
?>
```

107 – Abrir una imagen, redimensionarla y guardar el cambio

Creamos una carpeta con el nombre "img" y copiamos 1 imagen con el nombre "imagen.jpg" dentro:

```php
<?php
$origen="img/imagen.jpg";
$destino="img/nuevaimagen.jpg";
$destino_temporal=tempnam("tmp/","tmp");
redimensionar_jpeg($origen, $destino_temporal, 300, 350, 100);
// guardamos la imagen
```

```php
$fp=fopen($destino,"w");
fputs($fp,fread(fopen($destino_temporal,"r"),filesize($destino_temporal)));
fclose($fp);
// mostramos la imagen
echo "<img src='img/nuevaimagen.jpg'>";
function redimensionar_jpeg($img_original, $img_nueva,
$img_nueva_anchura, $img_nueva_altura, $img_nueva_calidad)
{
   // crear una imagen desde el original
   $img = ImageCreateFromJPEG($img_original);
   // crear una imagen nueva
   $thumb = imagecreatetruecolor($img_nueva_anchura,$img_nueva_altura);
   // redimensiona la imagen original copiándola en la imagen
   ImageCopyResized($thumb,$img,0,0,0,0,$img_nueva_anchura,
$img_nueva_altura,ImageSX($img),ImageSY($img));
   // guardar la nueva imagen redimensionada donde indicia $img_nueva
   ImageJPEG($thumb,$img_nueva,$img_nueva_calidad);
   ImageDestroy($img);
}
?>
```

108 – Abrir una imagen y ajustarla a un tamaño fijo

Copiamos la imagen "logo.jpg" en la carpeta del proyecto:

```php
<?php
// mostrar una imagen ajustando el tamaño a nuestro gusto
echo "<img src='logo.jpg' style='max-width:170px; max-height: 170px' /> ";
?>
```

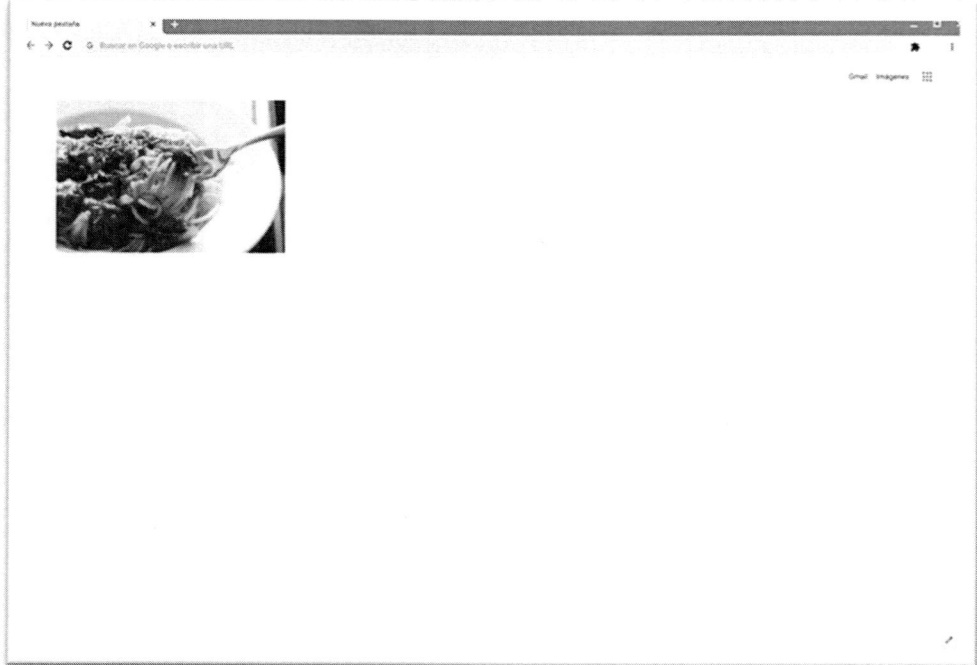

109 – Galería de imágenes

Creamos una carpeta con el nombre "imag" y copiamos 3 imágenes con los nombres "imagenGaleria_1.jpg", "imagenGaleria_2.jpg" e "imagenGaleria_3.jpg" dentro:

```
<html>
<head>
<meta http-equiv="Content-Type" content="text/html; charset=utf-8" />
<title>Galería de imágenes</title>
</head>
<?php
 if(!isset($imagen)){
 for($i=1;$i<=9;$i++){
 echo '<a xhref="?imagen=imagenGaleria_'.$i.'"
mce_href="?imagen=imagenGaleria_'.$i.'" ><img
src="imag/imagenGaleria_'.$i.'.jpg" src="imag/imagenGaleria_'.$i.'.jpg"
border="1" width="100" hspace="5" vspace="5" /></a>';
```

```php
if($i == 3 or $i == 6 or $i == 9){
echo '<br />';
}
}
} else {
echo '<img src="imag/'.$imagen.'.jpg" src="imag/'.$imagen.'.jpg" /><br /><a
href="http://slobos.com.ar/wp-admin/post.php#"
href="http://slobos.com.ar/wp-admin/post.php#"          onClick="history.go(-
1);">Volver a la galería</a>';
}
?>
<body>
</body>
</html>
```

110 – Galería de imágenes con link

Creamos una carpeta con el nombre "imag" y copiamos 3 imágenes con los
nombres   "imagenGaleria_1.jpg",   "imagenGaleria_2.jpg"   e
"imagenGaleria_3.jpg" dentro:

```php
<html>
<head>
<meta http-equiv="Content-Type" content="text/html; charset=utf-8" />
<title>Galería de imágenes con link</title>
</head>
<?php
$buscar="hola";
echo $buscar;
echo "<a href=".$buscar."><img src='lupa.JPG'";
if(!isset($imagen)){
for($i=1;$i<=9;$i++){

echo '<a xhref="?imagen=imagenGaleria_'.$i.'"
mce_href="?imagen=imagenGaleria_'.$i.'" ><img
```

```
src="imag/imagenGaleria_'.$i.'.jpg" src="imag/imagenGaleria_'.$i.'.jpg"
border="1" width="100" hspace="5" vspace="5" /></a>';
 if($i == 3 or $i == 6 or $i == 9){
 echo '<br />';
 }
 }
 } else {
 echo '<img src="imag/'.$imagen.'.jpg" src="imag/'.$imagen.'.jpg" /><br
/><a href="http://slobos.com.ar/wp-admin/post.php#"
href="http://slobos.com.ar/wp-admin/post.php#" onClick="history.go(-
1);">Volver a la galería</a>';
 }
 ?>
<body>
</body>
</html>
```

111 – Galería de imágenes thumbnails con paginado

Creamos una carpeta con el nombre "imag" y copiamos 4 imágenes con los nombres "imagenGaleria_1.jpg", "imagenGaleria_2.jpg", "imagenGaleria_3.jpg" e imagenGaleria_4.jpg dentro y creamos fuera de la carpeta "imag" en archivo "index.php" con el código que está a continuación:

```
<table>
 <tr>
<?php
header('Content-type: text/html; charset=utf-8');
$path = 'imag'; # Directorio donde están las imágenes
$limit = 3; # Cuántas imágenes se mostrarán por página
$limit_file = 5; # Imágenes a mostrar por línea en la tabla
$n = 0;
$desde;
$hasta;
# Comprobamos si es un directorio y si lo es, nos movemos a el
if (is_dir($path)){
```

```php
$dir = opendir($path);
# Recorremos los ficheros que hay en el directorio y cogemos solamente
aquellos cuya extensión
# sea jpg, gif y png y la guardamos en una lista
while (false !== ($file = readdir($dir))) {
 if (preg_match("#([a-zA-Z0-9_\-\s]+)\.(gif|GIF|jpg|JPG|png|PNG)#is",$file)){
  $list[] = $file;
 }
}
# Cerramos el directorio
closedir($dir);
# Ordenamos la lista
sort ($list);
# Contamos el total de elementos en la lista
$total = count($list);
$paginas = ceil($total/$limit);
if (!isset($_GET['pg'])){
 $desde = 0;
 $hasta = $desde + $limit;
}else if((int)$_GET['pg'] > ($paginas-1)){
 # Si pg es mayor que el total de páginas se muestra un error
 echo "<b>No existe esta página en la galería</b><br/><a
href='galeria.php'>Volver a la galería</a>";
 die();
}else{
 $desde = (int)$_GET['pg'];
}
# Y generamos los enlaces con los thumbnails
for ($i=($desde*$limit);($i!=$total) && ($i<($desde*$limit)+$limit);$i++){
 # Comprobamos si existe en la lista una llave con el valor actual de $i para
evitar errores
 if(array_key_exists($i, $list)){
  echo "<td><a href='$path/$list[$i]'><img
src='thumb.php?img=$path/$list[$i]' /></a><br></td>\n";
  $n++;
  if ($n == $limit_file){
```

```
  echo "</tr>\n<tr>\n";
  $n = 0;
 }
 }
}
}else{
 echo "$path no es un directorio";
}
?>
 </tr>
</table>
<p id="páginas">
<?php
# Generamos un listado de las páginas de la galería
for ($p = 0; $p<$paginas; $p++){
 $pg = $p+1;
 if ($p == $desde){
  echo "$pg ";
 }else{
  echo "<a href ='?pg=$p'>$pg</a> ";
 }
}
?>
</p>
<?php echo "Hay un total de $total fotos y $paginas páginas" ?>
```

Creamos el archivo "thumb.php":

```
<?php
# Generador de Thumbnails para galerías de imágenes
# (CC) Alfonso Saavedra "Son Link"
# Bajo GPLv3

# Indicamos al navegador que lo que se envía es una imagen en formato jpg
header( "Content-type: image/jpeg" );
if (!empty($_GET['img'])){
```

```php
$new_width  = 150; // Tamaño a definir

$img = $_GET['img'];
# obtenemos las extensiones de los archivos para llamar a la función
correspondiente
$ext = preg_split('/\./', $img);
if ($ext[1] == 'JPG' || $ext[1] == 'jpg'){
 $image = ImageCreateFromJPEG($img);
}else if ($ext[1] == 'gif' || $ext[1] == 'GIF'){
 $image = ImageCreateFromGIF($img);
}else if ($ext[1] == 'png' || $ext[1] == 'PNG'){
 $image = ImageCreateFromPNG($img);
}
# Obtenemos el ancho y el alto de la imagen
$width  = imagesx($image) ;
$height = imagesy($image) ;
# Si el ancho de la imagen es igual o menor del indicado en new_width
redirigimos directamente a la imagen
if ($width < $new_width){
 imagedestroy($image);
 header("location: $img"); }else{  # En caso contrario se crea el thumbnail
 $new_height = ($new_width * $height) / $width ; // tamaño proporcional

 $thumb = imagecreatetruecolor($new_width,$new_height);

imagecopyresized($thumb,$image,0,0,0,0,$new_width,$new_height,$width,
$height);
 #mostramos la imagen generada
 ImageJPEG($thumb);
 # Y liberamos memoria
 imagedestroy($image);
 imagedestroy($thumb);
 }
}
?>
```

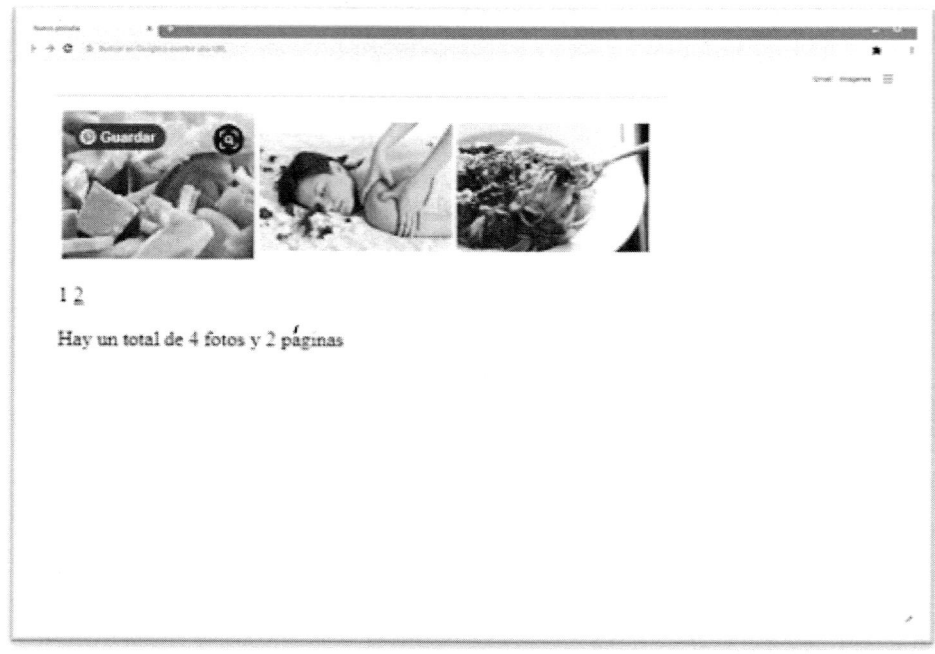

Hay un total de 4 fotos y 2 páginas

112 – Mostrar vídeos o imágenes de una carpeta en scroll infinito

Creamos una carpeta "images" y copiamos los vídeos y las imágenes y creamos el archivo "scroll.php":

```
<html>
<head>
<meta http-equiv="Content-Type" content="text/html; charset=utf-8" />
<title>Documento sin título</title>
</head>
<?php
function detectarSistemaOperativo() {
    $userAgent = $_SERVER['HTTP_USER_AGENT'];

    if (strpos($userAgent, 'Android') !== false) {
        return "Android";
```

```php
    } elseif (strpos($userAgent, 'iPhone') !== false || strpos($userAgent, 'iPad')
!== false) {
        return "iOS";
    } else {
        return "Sistema operativo desconocido";
    }
}
$sistemaDetectado = detectarSistemaOperativo();
echo "El sistema operativo detectado es: " . $sistemaDetectado;
?>
<body>
</body>
</html>
```

113 – Abrir imágenes de forma aleatoria con link

Creamos una carpeta "images" y copiamos las 3 imágenes:

```html
<html>
<head>
<meta http-equiv="Content-Type" content="text/html; charset=utf-8" />
<title>Abrir imagenes aleatorias con rnd y link</title>
</head>
<?php
/*
Muestro aleatoriamente imágenes con enlaces diferentes
*/
$images = array();
$handle = opendir('imagenes/');

while ($file = readdir($handle)) {
    $extension = substr($file, -4);

    if (($extension == '.gif') || ($extension == '.jpg') || ($extension == 'jpeg')
|| ($extension == '.png')) {
        $images[] = $file;
    }
}

$numImages = count($images) - 1;
$randomNum = rand(0, $numImages);

$imagesLink = array(
    "http://www.google.es",
    "http://www.dpformacio.com",
    "http://www.yahoo.es"
);

$imagePath = "imágenes/" . $images[$randomNum];
$externalLink = $imagesLink[$randomNum];
```

```
?>
<a href="<?php echo $externalLink; ?>"><img src="<?php echo
$imagePath; ?>" alt="Imagen aleatoria"></a>
<body>
</body>
</html>
```

114 – Poner imagen de fondo fullscreen en página web

Copiamos una imagen con el nombre "4.jpg" en la carpeta del proyecto:

```
<!DOCTYPE html>
 <html lang="es">
<head>
<link rel="stylesheet" href="puf.css" />
<style type="text/css">
html {
        background: url(4.jpg) no-repeat center center fixed;
        -webkit-background-size: cover;
        -moz-background-size: cover;
        -o-background-size: cover;
        background-size: cover;
        text-align: center;
        color: #FFF;
}
}
</style>
</head>
<body>
</body>
```

115 – Poner vídeo de fondo de pantalla en una web.

Creamos una carpeta con el nombre "vídeo" y copiamos 2 archivos dentro, uno con el nombre "vídeo.mp4" y el otro con el nombre "cargando.gif" y copiamos el código dentro de la carpeta con el nombre "index.php":

```
<html>
<head>
<meta http-equiv="Content-Type" content="text/html; charset=utf-8" />
<title>Video de fondo de pantalla</title>
<style>
video {
  min-width: 100%;
  min-height: 100%;
  width: auto;
  height: auto;
  position: fixed;
  top: 50%;
  left: 50%;
  transform: translateX(-50%) translateY(-50%);
  z-index: -100;
  background-size: cover;
}
```

```
#cwnteer {
        text-align: center;
}
#apDiv1 {
        position: static;
        left: 83px;
        top: 209px;
        width: 576px;
        height: 262px;
        z-index: 1;
        color: #FFF;
        font-size: 36px;
}
</style>
</head>
<body id="cwnteer">
<div id="apDiv1">pruebas</div>
<video src="video.mp4" type="vídeo/mp4" preload autoplay muted="true"
loop poster="Cargando.gif"></video>
</body>
</html>
```

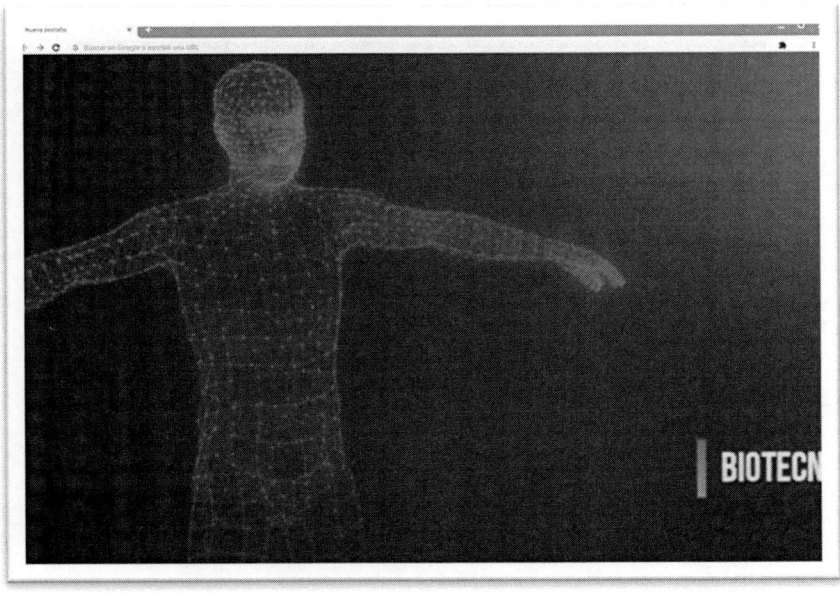

116 – Poner vídeo de YouTube en iframe fullscreen en una web

```
<html>
<head>
<meta http-equiv="Content-Type" content="text/html; charset=utf-8" />
<title>vídeo youtube en página web</title>

<style type="text/css">
IFRAME RESPONSIVE

.video {
  position: relative;
  padding-bottom: 56.25%;
  overflow: hidden;
}
.video iframe
 {
   position: absolute;
   display: block;
   top: 0;
   left: 0;
   width: 100%;
   height: 100%;
}
</style>
</head>
<body>
<div class="video">
<iframe width="640" height="360"
src="https://www.youtube.com/embed/eZJMzAHa-uQ" frameborder="0"
allowfullscreen ></iframe>
</div>
</body>
</html>
```

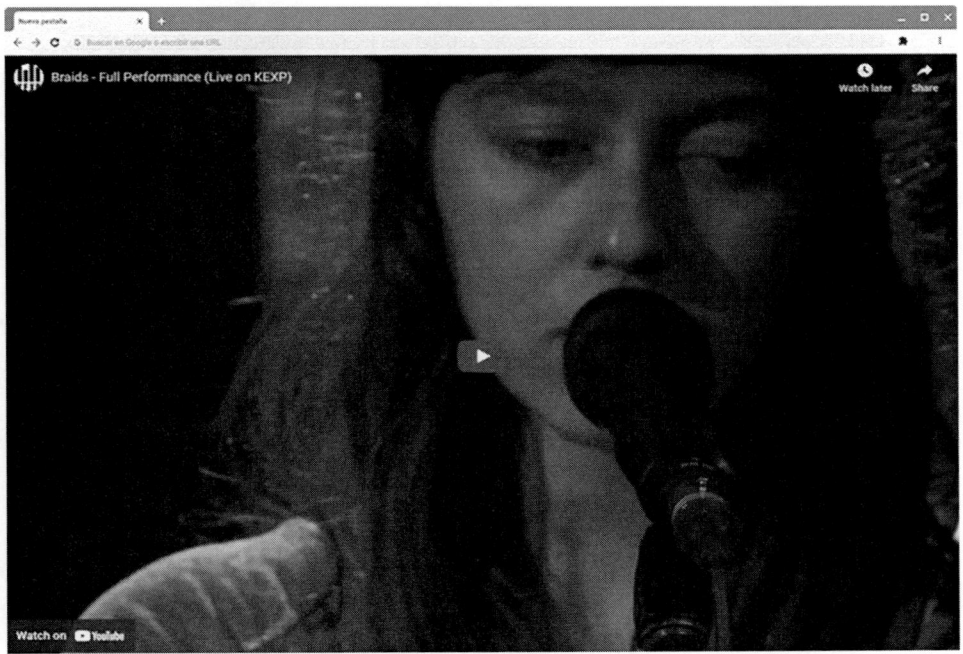

117 – Poner vídeo de YouTube responsive en una web

```
<html>
<head>
<meta http-equiv="Content-Type" content="text/html; charset=utf-8" />
<title>Poner vídeo de YouTube en página web responsive</title>
<style>
/* Start: Video Responsive */
.video-responsive {
    position: relative;
    width: 100%;
    height: 0;
    padding-bottom: 56.25%;
}
.video-responsive iframe{
    position: absolute;
    top: 0;
```

```
    left: 0;
    width: 100%;
    height: 100%;
}
/* End: Video Responsive */
</style>
</head>
<body>

<div class="video-responsive">
<iframe width="0" height="0"
src="https://www.youtube.com/embed/3JK84n-jsMU" title="TransVision
Madrid 2022 - DAY 2 - Sunday, November 13, 2022 (stream)"
frameborder="0" allow="accelerometer; autoplay="1"; clipboard-write;
encrypted-media; gyroscope; picture-in-picture"
allowfullscreen></iframe></div>

</body>
</html>
```

118 – Seleccionar varias imágenes, subirlas al servidor FTP e ir previsualizándolas

Creamos el archivo "formulario.html":

```
<html>
<head>
<script type="text/javascript">
function setpreview(id)
{
        form=eval("document.form"+id);
        form.target='iframe_null';
        form.action='uploader.php?id='+id;
        form.submit();
}
```

```html
</script>
</head>
<body>
    <form name="form1" action="" method="post" enctype="multipart/form-data">
        <div><span>Selecciona Image: </span><span><input name="archivo"
type="file" size="35" onChange="setpreview(1)"/></span></div>
        <div><img src="" id="picture1" alt="vista previa" height="0" width="0"/> </div>
    </form>
    <form name="form2" action="" method="post" enctype="multipart/form-data">
        <div><span>Selecciona Image: </span><span><input name="archivo"
type="file" size="35" onChange="setpreview(2)"/></span></div>
        <div><img src="" id="picture2" alt="vista previa" height="0" width="0"/> </div>
    </form>
    <form name="form3" action="" method="post" enctype="multipart/form-data">
        <div><span>Selecciona Image: </span><span><input name="archivo"
type="file" size="35" onChange="setpreview(3)"/></span></div>
        <div><img src="" id="picture3" alt="vista previa" height="0" width="0"/> </div>
    </form>
    <!-- iframe donde se envía el contenido del formulario -->
    <iframe src="about:blank" name="iframe_null" style="display:none">
</body>
</html>
```

Creamos el archivo "uploader.php":

```php
<?php
/**
 * Código que recibe los valores del formulario y guarda el archivo en la
carpeta
 * especificada
 */
# Obtenemos la información de la imagen
$infoFile=getimagesize($_FILES['archivo']['tmp_name']);
if($infoFile)
{
    # Podemos especificar una carpeta donde copiar la imagen
```

```php
    $carpeta="";
    $name=$carpeta.basename($_FILES['archivo']['name']);
    # Coopiamos la imagen a nuestra carpeta con el nombre real
    move_uploaded_file($_FILES['archivo']['tmp_name'],$name);
    # Mostramos la imagen
?>
    <script type="text/javascript">
    // Enviamos el nombre de la imagen al id picture de la pantalla
    // de donde es llamado
    parent.document.getElementById('picture<?php echo
$_GET["id"];?>').src='<?php echo $name; ?>';
    parent.document.getElementById('picture<?php echo
$_GET["id"];?>').style.width='<?php echo $infoFile[0];?>px';
    parent.document.getElementById('picture<?php echo
$_GET["id"];?>').style.height='<?php echo $infoFile[1];?>px';
    </script>
    <?php
}
?>
```

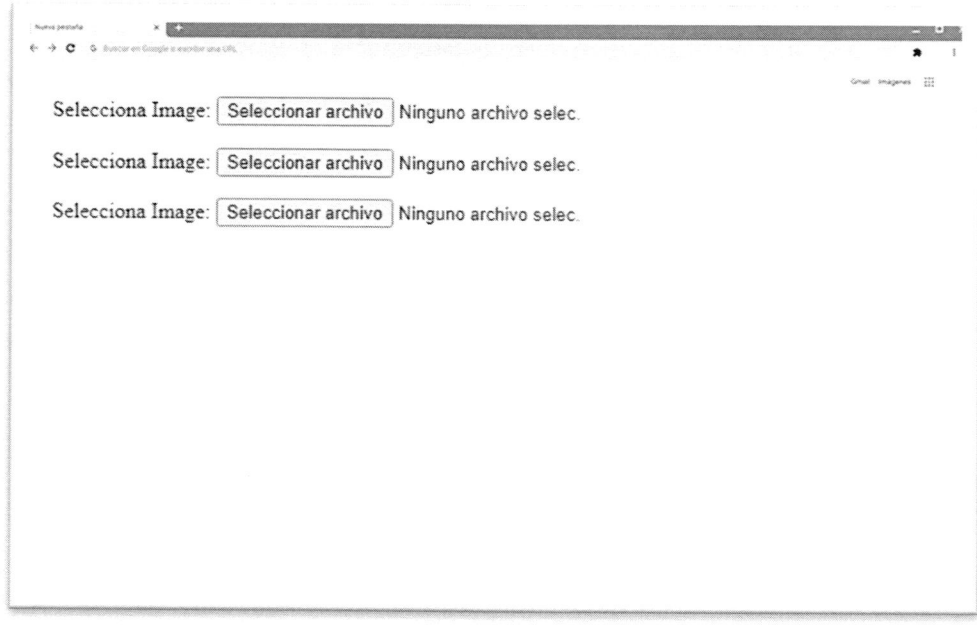

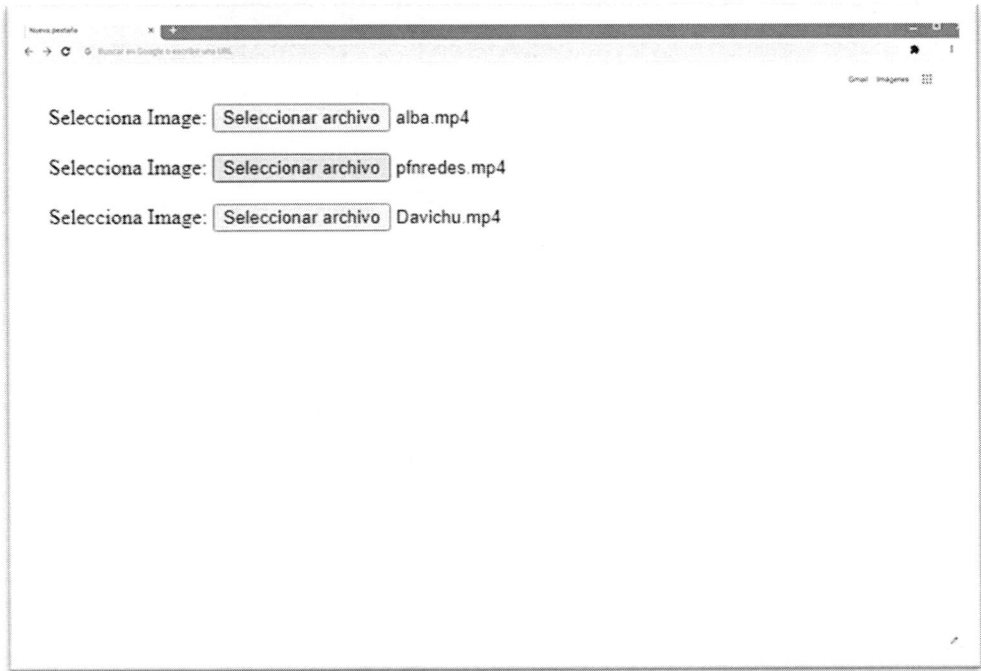

119 – Acceder a la cámara del móvil, hacer una foto y descargarla

```
<!DOCTYPE html>
<html>
<head>
  <meta charset="UTF-8">
  <title>Capturar foto y descargar enlace</title>
</head>
<body>
  <video id="videoElement" width="100%" height="100%" autoplay></video>
  <button id="captureButton">Tomar Foto</button>
  <canvas id="canvasElement" width="100" height="100" style="display:
none;"></canvas>
  <div id="downloadSection"></div>
<script>
```

```
    var videoElement = document.getElementById('videoElement');
    var captureButton = document.getElementById('captureButton');
    var canvasElement = document.getElementById('canvasElement');

    if (navigator.mediaDevices && navigator.mediaDevices.getUserMedia) {
      navigator.mediaDevices.getUserMedia({ video: { facingMode: { exact:
'environment' } } })
        .then(function(stream) {
          videoElement.srcObject = stream;

          captureButton.addEventListener('click', function() {
            var context = canvasElement.getContext('2d');
            context.drawImage(videoElement, 0, 0, canvasElement.width,
canvasElement.height);
            var photoURL = canvasElement.toDataURL('image/png');

            var downloadLink = document.createElement('a');
            downloadLink.href = photoURL;
            downloadLink.download = 'captura.png';
            downloadLink.innerHTML = 'Descargar foto';

            var downloadSection = document.getElementById('downloadSection');
            downloadSection.innerHTML = '';
            downloadSection.appendChild(downloadLink);
          });
        })
        .catch(function(error) {
          console.error('Error al acceder a la cámara: ', error);
        });
    } else {
      console.error('La API de captura de medios no es compatible con este
navegador.');
    }
</script>
</body>
</html>
```

120 – Acceder a la cámara del móvil, grabar un vídeo y descargarlo

```
<!DOCTYPE html>
<html>
<head>
 <meta charset="UTF-8">
 <title>Grabar vídeo y descargar enlace</title>
 <script src="https://cdn.webrtc-experiment.com/RecordRTC.js"></script>
</head>
<body>
 <video id="videoElement" width="100%" height="100%" autoplay></video>
 <button id="startButton">Iniciar Grabación</button>
 <button id="stopButton">Detener Grabación</button>

 <script>
  var videoElement = document.getElementById('videoElement');
  var startButton = document.getElementById('startButton');
  var stopButton = document.getElementById('stopButton');
  var recordRTC;
  var mediaStream;

  startButton.addEventListener('click', function() {
    var constraints = { video: { facingMode: 'environment' }, audio: true };

    navigator.mediaDevices.getUserMedia(constraints)
     .then(function(stream) {
      videoElement.srcObject = stream;
      mediaStream = stream;
      recordRTC = RecordRTC(stream, {
        type: 'video'
      });
      recordRTC.startRecording();
      startButton.disabled = true;
      stopButton.disabled = false;
     })
```

```
      .catch(function(error) {
        console.error('Error al acceder a la cámara: ', error);
      });
    });
    stopButton.addEventListener('click', function() {
      recordRTC.stopRecording(function() {
        var blob = recordRTC.getBlob();
        var videoURL = URL.createObjectURL(blob);

        var downloadLink = document.createElement('a');
        downloadLink.href = videoURL;
        downloadLink.download = 'grabacion.webm';
        downloadLink.innerHTML = 'Descargar video';

        var downloadSection = document.getElementById('downloadSection');
        downloadSection.innerHTML = '';
        downloadSection.appendChild(downloadLink);

        recordRTC.getDataURL(function(dataURL) {
          recordRTC.save('grabacion.webm');
        });
        recordRTC.reset();

        // Liberar audio y cámara
        if (mediaStream) {
          var tracks = mediaStream.getTracks();
          tracks.forEach(function(track) {
            track.stop();
          });
        }
        startButton.disabled = false;
        stopButton.disabled = true;
      });
    });
</script>
<div id="downloadSection"></div>
```

```
</body>
</html>
```

121 – Crear un archivo de texto en PHP

```php
<?php
$nombre_fichero = "lista.txt";

//guarda en el fichero dicho mensaje
$texto = "Hola, ¿cómo estás?";

$mi_archivo = @fopen ($nombre_fichero, "w+") or die ("No se puede abrir
el fichero especificado");

//Escribir

@fwrite ($mi_archivo,$texto) or die ("No se puede escribir");
$msg = "Los datos se han grabado correctamente";
fclose($mi_archivo);
// mostramos mensaje
echo $msg;
?>
```

122 – Leer un archivo de texto en PHP

```php
<?php
// Leer archivo
echo "Leer datos del fichero listas.txt";
$archivo = "lista.txt";
$leer = fopen($archivo, "r") or die("No se puede abrir el archivo");
$contenido_archivo = fread($leer, filesize($archivo));
echo "<br>";
echo $contenido_archivo;
fclose($leer);
?>
```

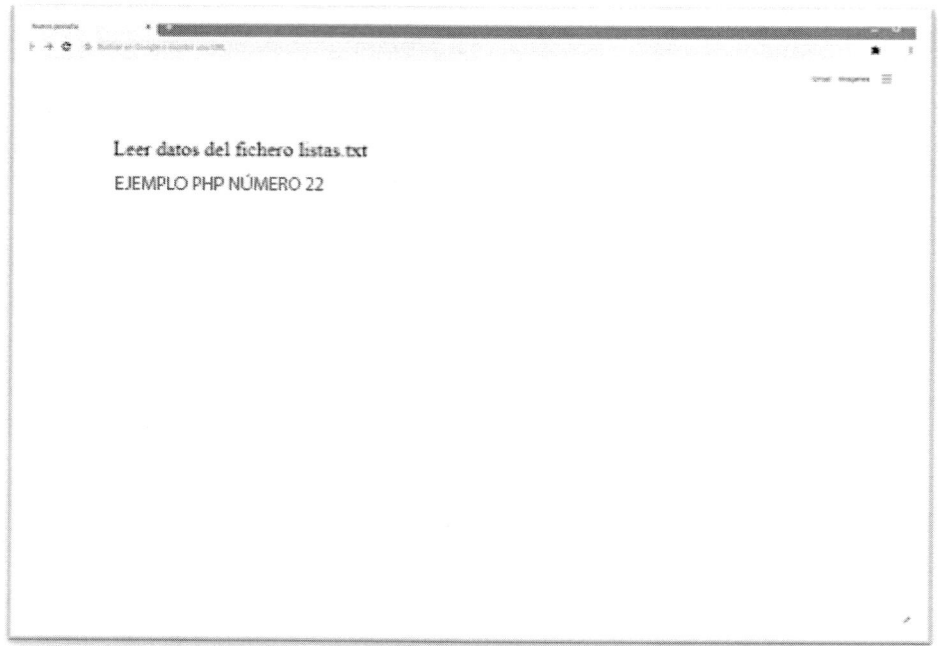

123 – Leer el contenido de un archivo texto dándole formato en PHP

```php
<?php
$color="#0000FF";
$texto="Verdana";
$size=16;
// Leer datos del fichero lista.txt
$archivo = "lista.txt";
$leer = @fopen($archivo, "r") or die("No se puede abrir el archivo");
$contenido_archivo = fread($leer, filesize($archivo));
echo "<font size='$size' color='$color'
face='$texto'>$contenido_archivo</font><br>";

//echo $contenido_archivo;
fclose($leer);
?>
```

124 – Leer las líneas de un archivo de texto y enumerarlas en PHP

```php
<?php
//Lectura de todas las líneas del fichero enumerándolas
$miarchivo = "lista.txt";
$abrir_archivo = fopen ($miarchivo,"r") or die ("No se puede abrir el archivo");
$cont = 1;
while (!feof($abrir_archivo))
{
 $linea = fgets($abrir_archivo,1024);
echo $cont;
 echo ":" .$linea . "<br>";
$cont++;
}
fclose($abrir_archivo);
?>
```

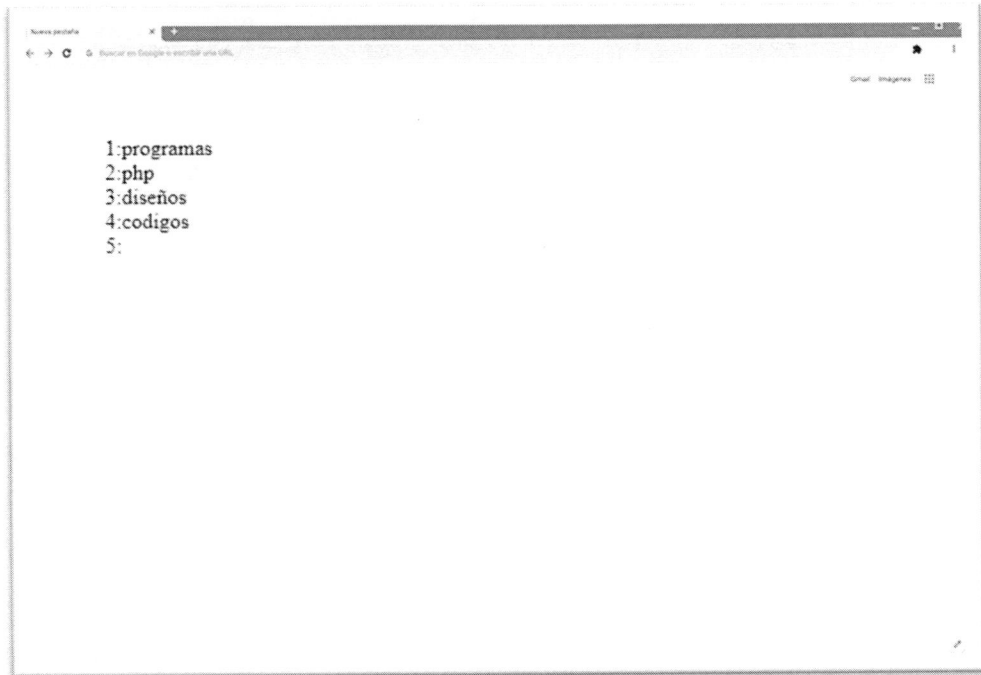

125 – Leer el contenido de un archivo de texto condicionado con If

```php
<?php
// Lectura de archivo. Modo 2
$miarchivo = "lista.txt";
$abrir_archivo = fopen($miarchivo, "r");

while (!feof($abrir_archivo)) {
   $linea = fgets($abrir_archivo, 1024);
   if (trim($linea) === "zapatos") {
      echo "No cumple... ";
      echo $linea . "<br>";
   } else {
      echo "OK cumple... " . $linea . "<br>";
   }
}
fclose($abrir_archivo);
?>
```

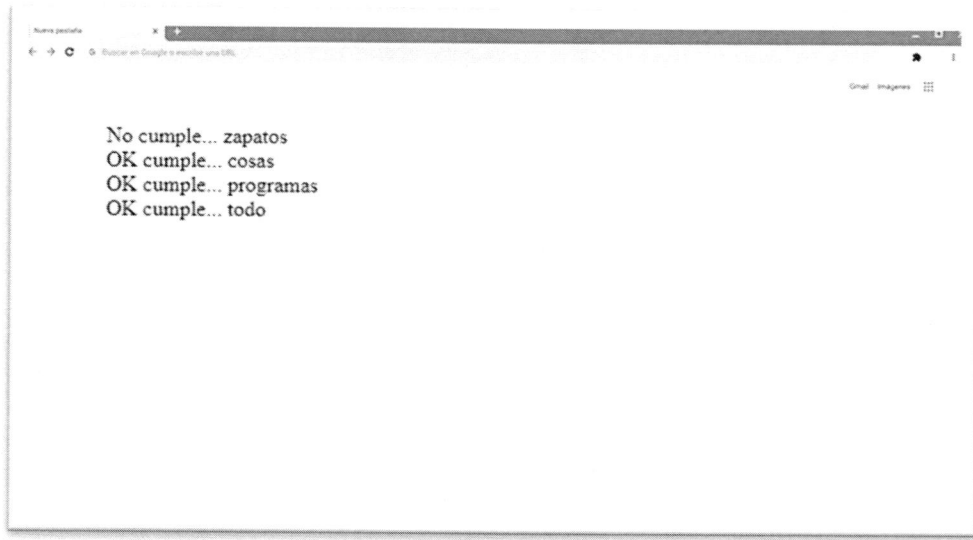

126 – Eliminar un registro de un archivo de texto en PHP

Creamos el "formulario.html":

```
<!DOCTYPE html>
<html>
<head>
<title>Eliminar registro</title>
<meta charset="utf-8">
</head>
<body>
<form name="formulario" method="post" action="leer.php">
Nombre del registro a eliminar: <input type="text" name="nombre" value="">
<input type="submit" />
</form>
</body>
</html>
```

Creamos el "leer.php":

```
<?php
$EntraDato=$_POST["nombre"]; //recibo el dato a buscar

echo "Buscar el registro a eliminar: " . $EntraDato. "<BR>";
echo "<BR>"; // retorno de carro

//Lectura de archivo
$miarchivo = "leer.txt";

// Abrimos fichero de clientes
$abrir_archivo = fopen($miarchivo,"rb") or die ("No se puede abrir el fichero
especificado");
```

```
// Busco en el archivo los registros línea por línea BUCLE hasta final del fichero
while (!feof($abrir_archivo))
{
$linea= fgets($abrir_archivo,1024);
$cadena = rtrim($linea); //Elimino los espacios en blanco ¡¡¡¡MUY
IMPORTANTE!!!!

//Busco un registro en concreto y lo muestro si existe
if ($cadena<>$EntraDato){ //Primer registro
echo "Lista de registros: " .$cadena. "<BR>";

//Copio los registros que no coinciden en un archivo nuevo llamado ficha
$FileName = "ficha";
//$cont=nombre;
$fp = fopen($FileName.".txt","a");
fwrite($fp,"$cadena\r\n");
fclose($fp);
}
} //fin while
fclose($abrir_archivo);
//Elimino el archivo
unlink("leer.txt");
//Renombro el fichero
rename ("ficha.txt", "leer.txt");
echo "<br>"."El registro ".$EntraDato." ha sido eliminado correctamente";
?>
```

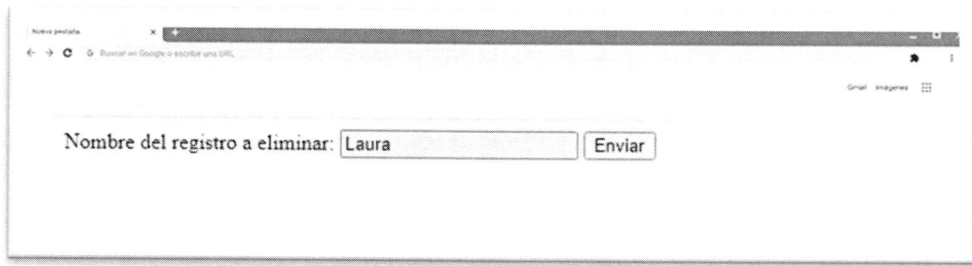

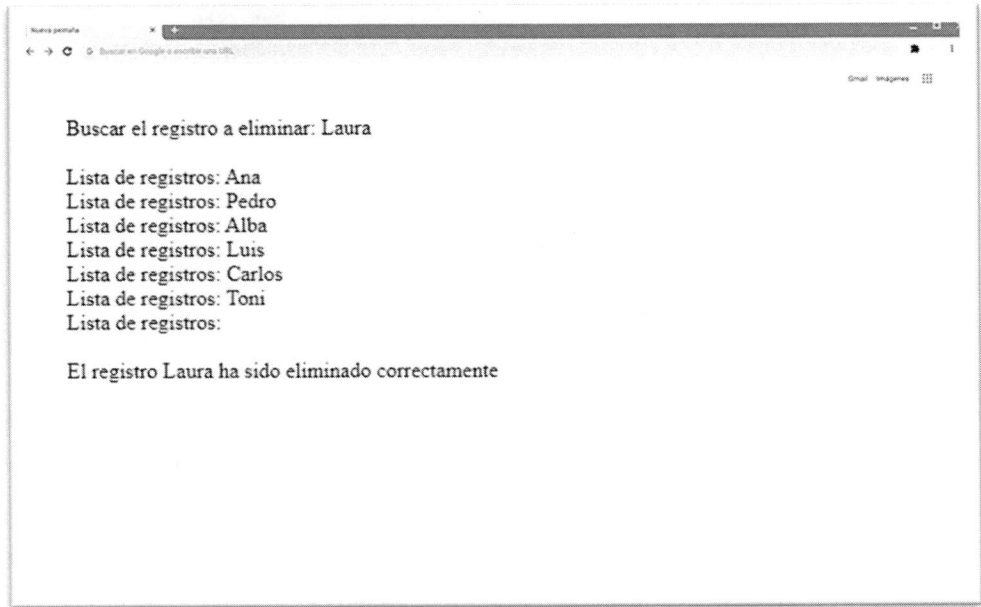

127 – Crear archivo csv en PHP

```php
<?php
// recibo datos del formulario
$id="1"; // se crea un id para cada producto (no creado hay que hacer el
código) 1.html es de ejemplo
$producto = $_POST["producto"]; //busco el registro del campo nombre
$concepto = $_POST["concepto"]; //busco el registro del campo nombre
$precio = $_POST["precio"]; //busco el registro del campo nombre

// Crear un 159ínea con PHP CSV
    $linea  =$id.",".$producto.",".$concepto.",".$precio.",".$path;
// Abrimos el archivo situando el puntero al final del archivo:
    $archivo = fopen( "productos.csv", "ab" );
    fputcsv( $archivo, 159ínea(",", $linea), ";" );
    fclose( $archivo );
?>
```

128 – Listar los campos de un archivo csv en PHP

```php
<?php
$archivo = fopen( "productos.csv", "rb" );
$aDatos = fgetcsv( $archivo, 100, ";");

// Volvemos a situar el puntero al principio del archivo:
fseek($archivo, 0);
// Recorremos el archivo completo:

    while( feof($archivo) == false )
    {
        $aDatos = fgetcsv( $archivo, 100, ";");

        if ($aDatos[0] <=0 ) { //  paro búsqueda cuando no exista id
                exit; //dejo de buscar
        }

        //títulos de la tabla
        echo "<table border='1'>";
        echo "<tr>";
        echo " <th> PRODUCTO </th>";
        echo " <th> CONCEPTO </th>";
        echo " <th> PRECIO   </th>";
        echo "</tr>";
        //Matriz con los campos de texto del producto
        echo "<tr>  <td>" . $aDatos[0] . "</td> <td>" . $aDatos[1] ."</td>
<td>" . $aDatos[2]. "</td> <td>". $aDatos[3]."</td> <td>".
$aDatos[4]."</td>  </tr>" ;
        //Imagen con link

        //cargo el ID para gestionar la compra
        //echo '<td> <a href="compra.php?id='.$id.'"><img
src='.$aDatos[4].' width="284" height="67"" ></a> </td> </tr>';
```

//cargo ruta de la imagen con su link para verla en grande
//echo '<td> <a href="'.$aDatos[4].'"><img src='.$aDatos[4].'
width="284" height="67"" ></a> </td> </tr>';

//Cierro la tabla y las celdas
}

fclose($archivo);
echo "</table>"; //cierro tabla
?>

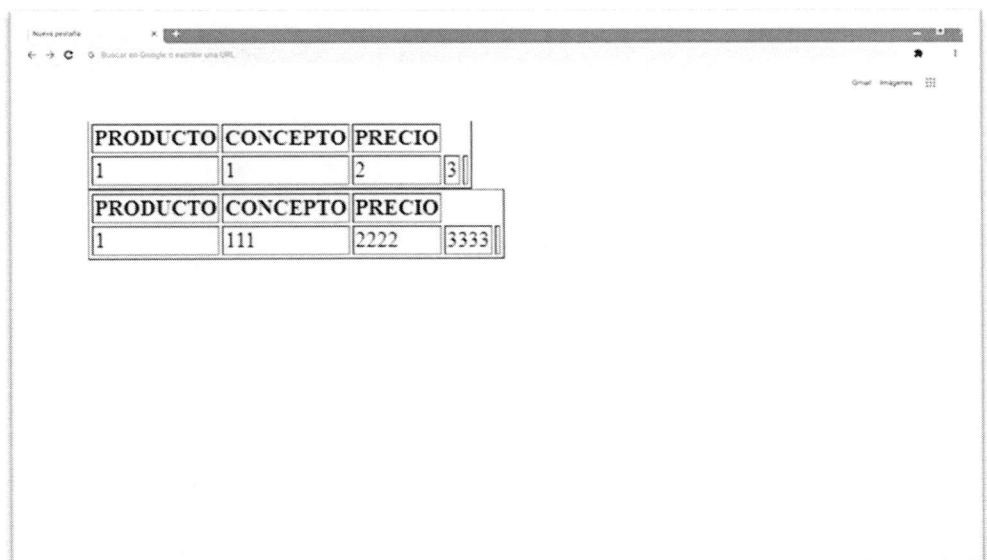

129 – Leer un registro de un archivo csv en PHP

Creamos el "formulario.html":

```
<!DOCTYPE html>
<html>
<head>
```

```
<title>Buscar registro por nombre</title>
</head>
<body>
<form name="formulario" method="POST" action="leercsv2.php">
   <label for="nombre">ID del Registro a leer:</label>
   <input type="text" name="nombre" id="nombre">
   <button type="submit">Leer Registro</button>
</form>
</body>
</html>
```

Creamos el archivo "leercsv.php":

```
<html>
<head>
<meta http-equiv="Content-Type" content="text/html; charset=utf-8" />
<title>leer csv </title>
</head>
<body>
<?php
$nom = $_POST["nombre"];
echo "Datos a buscar: " . $nom . "<br>";
// Leer un CSV
$archivo = fopen("datos2.csv", "rb");

if ($archivo !== false) {
   while (($aDatos = fgetcsv($archivo, 100, ";")) !== false) {
      if ($aDatos[0] == $nom) { // Busco el nombre si coincide
         echo "Nombre: " . $aDatos[0] . "<br>";
         echo "Apellido 1: " . $aDatos[1] . "<br>";
         echo "Apellido 2: " . $aDatos[2] . "<br>";
         echo "WEB: " . $aDatos[3] . "<br>";
         echo "------------------------<br>";
         fclose($archivo);
         exit; // Dejo de buscar
      }
```

```
    }

    fclose($archivo);
    echo "No se encontraron datos para el nombre: " . $nombre;
} else {
    echo "Error al abrir el archivo.";
}
?>

</body>
</html>
```

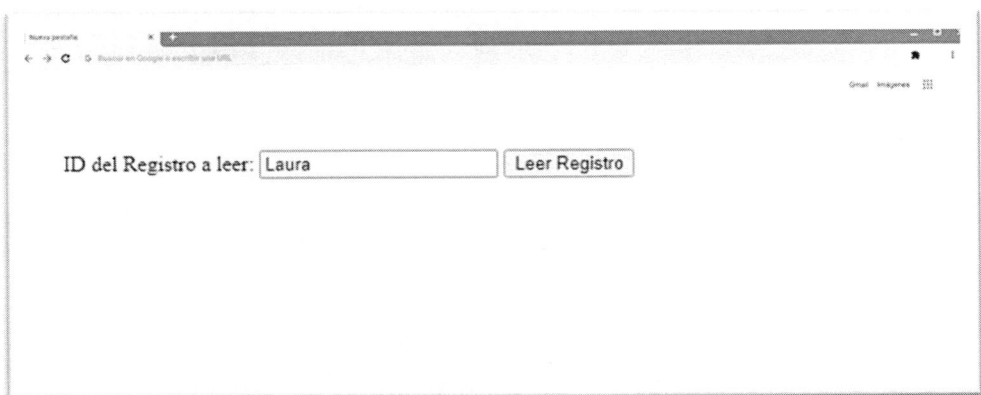

130 – Eliminar un registro de un archivo csv en PHP

Creamos el "formulario.html" y un archivo "productos.csv":

```
<!DOCTYPE html>

<html>
<head>
  <title>Eliminar Registro</title>
</head>
<body>
  <form name="formulario" method="post" action="eliminar.php">
    <label for="id_eliminar">ID del Registro a Eliminar:</label>
    <input type="text" name="id_eliminar">
    <button type="submit" name="eliminar">Eliminar Registro</button>
  </form>

</body>
</html>
```

Creamos el "eliminar.php":

```
<?php
if (isset($_POST["eliminar"]) && isset($_POST["id_eliminar"])) {
  $id_eliminar = $_POST["id_eliminar"];
  $archivo = "productos.csv";
  $nuevo_contenido = '';
  if (($handle = fopen($archivo, "r")) !== false) {
    while (($linea = fgetcsv($handle, 1000, ";")) !== false) {
      if ($linea[0] != $id_eliminar) {
        $nuevo_contenido .= implode(";", $linea) . "\n";
      }
    }
    fclose($handle);
    file_put_contents($archivo, $nuevo_contenido);
    echo "Registro con ID $id_eliminar eliminado con éxito.";
  } else {
```

```
    echo "No se pudo abrir el archivo.";
  }
}
?>
```

131 – Conectar a una base de datos Mysql

```php
<?php
// Conectando, seleccionando la base de datos
// usuario será el usuario que se cambiará por el nuevo
// contraseña es la contraseña que se cambiará por el nuevo
$link = mysql_connect('localhost', 'usuario', 'contraseña')
    or die('No se pudo conectar: ' . mysql_error());
echo 'conexión correcta al servidor MySql';
//bd_libro101 será la Base de Datos
mysql_select_db('bd_libro101') or die('No se pudo seleccionar la base de
datos');
?>
```

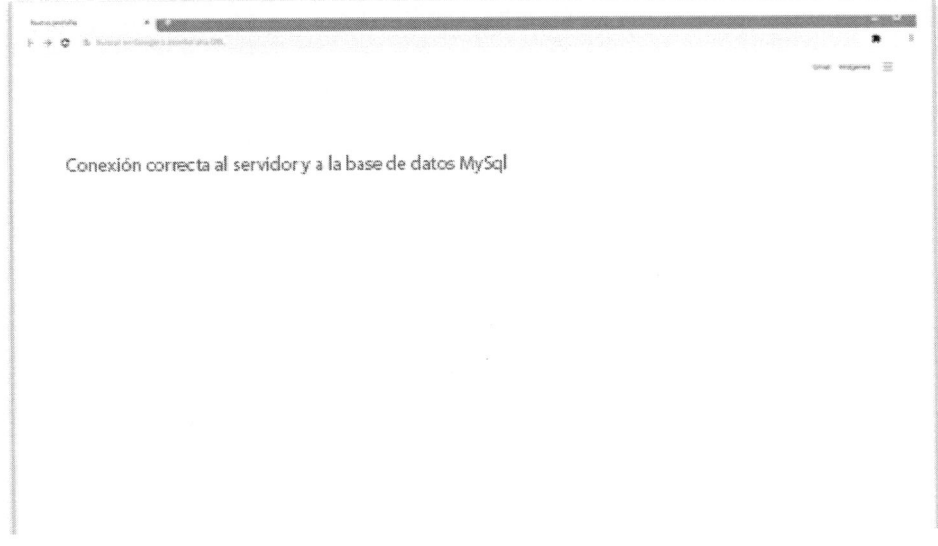

Conexión correcta al servidor y a la base de datos MySql

132 – Introducir un registro en la base de datos Mysql

Creamos el "formulario.html":

```
<html>
<body>
<form method="post" action="intro.php">
  <p align="center"> <br>
    <span class="Estilo1">Insertar Nuevo Registro en la Base de
Datos</span> <br>
</p>
  <table width="364" border="1" align="center">
   <tr>
    <td><div align="left" class="Estilo1">Nombre:<span
class="Estilo2">.</span>
      <input type="Text" name="nombre" id="nombre">
     </div></td>
    </tr>
    <tr>
     <td><div align="left" class="Estilo1">Teléfono:
      <input type="Text" name="teléfono" id="teléfono">
      </div></td>
 </tr>
    <tr>
     <td>
      <div align="center">
       <input type="Submit" name="enviar" value="Insertar registro">
     </div></td>
    </tr>
  </table>
  <div align="center"></div>
  <div align="center"></div>
  <p>  </p>
</form>
```

```
</body>
</html>
```

Creamos el "intro.php":

```php
<?php
// Recibimos el valor de las variables del Formulario
$nombre = $_POST["nombre"];
$telefono = $_POST['teléfono'];

// conecta con la BD
$link = mysqli_connect("localhost", "nhjukvlb_ejemplo", "phpya101",
"nhjukvlb_libro101");
if (!$link) {
    die("No se pudo conectar al SERVIDOR: " . mysqli_connect_error());
}
//Introducimos el nombre y el teléfono
$sql = "INSERT INTO agenda (nombre, teléfono) VALUES ('$nombre',
'$telefono')";
$result = mysqli_query($link, $sql);
if ($result) {
    echo "Hemos recibido sus datos y guardados con éxito.\n";
    echo "NOMBRE " . $nombre . " TELÉFONO " . $telefono;
} else {
    echo "Error al guardar los datos: " . mysqli_error($link);
}
// Cerrar la conexión
mysqli_close($link);
?>
```

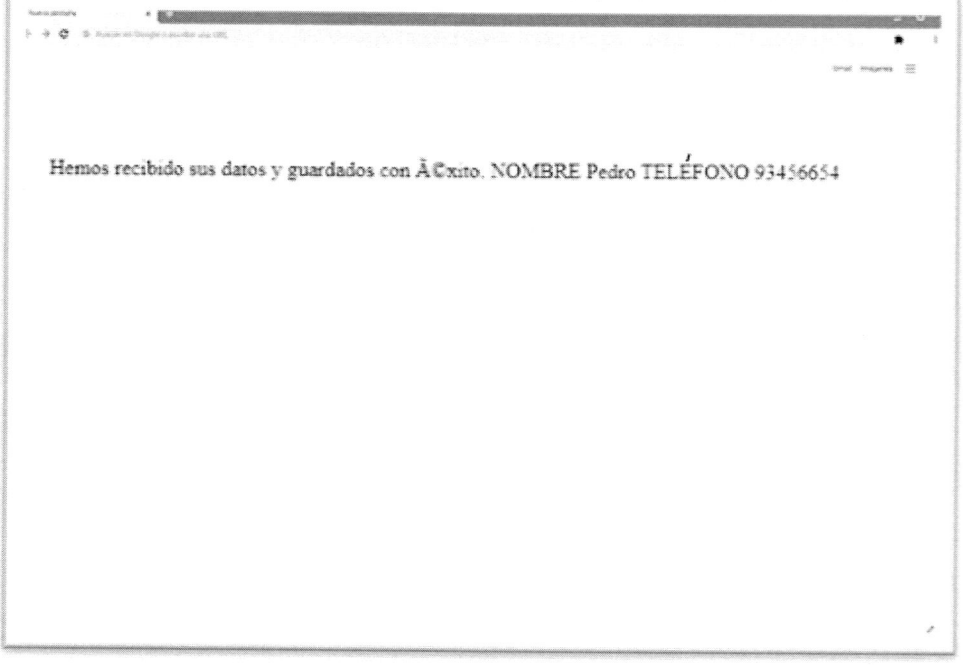

133 – Buscar un registro en la base de datos Mysql

Creamos el "formulario.html":

```
<html>
<body>
<form method = "POST" action = "buscar.php">
 <p align="center"><br>
  <br>
  <span class="Estilo1">Buscar Registro de la Base de Datos</span> </p>
 <table width="444" border="1" align="center">
  <tr>
   <th width="434" class="Estilo1" scope="col"><div
align="left"><strong>Nombre del Registro:</strong>
     <input type="text" name="buscar" size="20">
   </div></th>
  </tr>
  <tr>
   <td><div align="center">
    <input name="submit" type="submit" value="Buscar Registro">
   </div></td>
  </tr>
 </table>
 <p>  </p>
</form>
</body>
</html>
```

Creamos el "buscar.php":

```
<?php
$buscar = $_POST["buscar"];
// Conectamos a la BD
```

```php
$link = mysql_connect("localhost","nhjukvlb_ejemplo","phpya101","");
mysql_select_db("nhjukvlb_libro101", $link);
// Realizamos la búsqueda
$result = mysql_query("SELECT * FROM agenda WHERE nombre LIKE
'%$buscar%' ORDER BY nombre", $link);
if ($row = mysql_fetch_array($result)){

        echo "<table border = '1'> \n";
//Mostramos los registros de la tabla
echo "<tr> \n";

while ($field = mysql_fetch_field($result)){

        echo "<td>$field->name</td> \n";

}
    echo "</tr> \n";
do {
        echo "<tr> \n";
        echo "<td>".$row["id"]."</td> \n";
        echo "<td>".$row["nombre"]."</td> \n";
        echo "<td>".$row["telefono"]."</td> \n";
        echo "<td><a
href='mailto:".$row["email"]."'>".$row["email"]."</a></td> \n";
        echo "</tr> \n";
    } while ($row = mysql_fetch_array($result));
        echo "</table> \n";
} else {
echo "¡No se ha encontrado ningún registro!";
}
?>
```

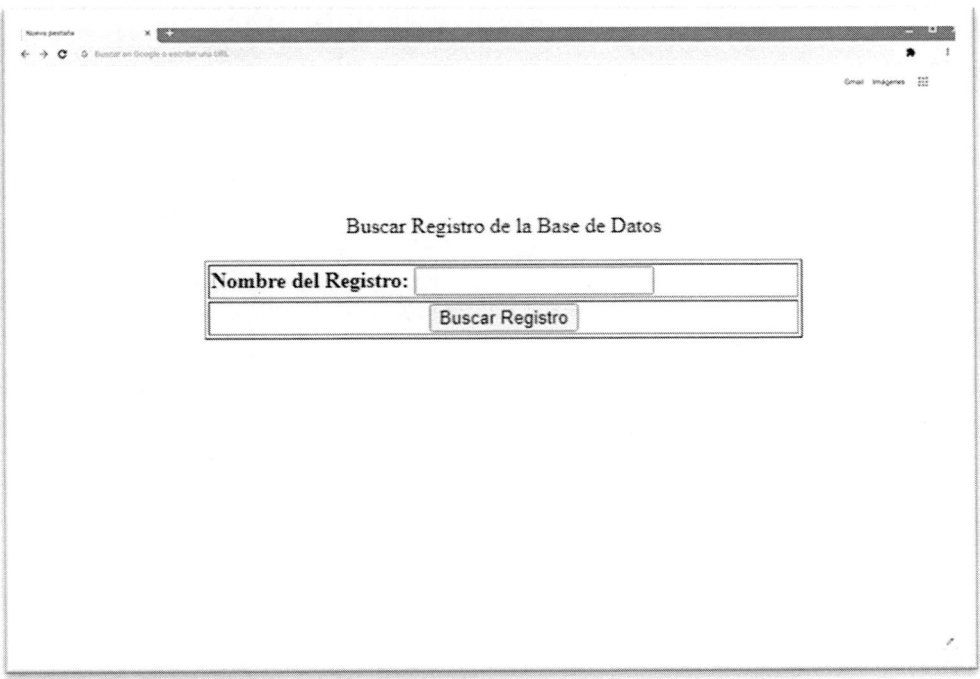

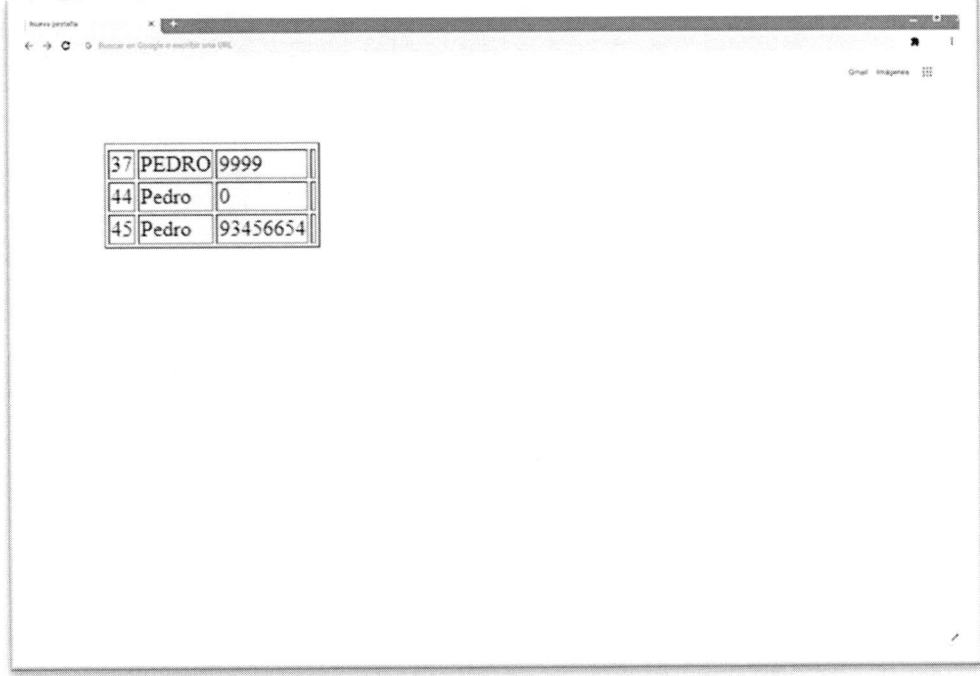

134 – Lista todos los registros de una base de datos Mysql

```php
<?php
// Conectamos a la BD – cambia el localhost, password y tabla por la tuya
$link = mysql_connect("localhost","nhjukvlb_ejemplo","phpya101","");
mysql_select_db("nhjukvlb_libro101", $link);
$result = mysql_query("SELECT * FROM agenda", $link);

// Ahora hago una petición para que me muestre todos los registros de la
tabla acceso
$query = "SELECT * from agenda";
$result = mysql_query($query);

// Preparo la Tabla

echo "<table width=\"500\" border= \"0\" align =\"center\" cellpadding
=\"5\"  cellspacing =\"3\">";

echo "<tr bgcolor=\"#DDDDDD\">";
// Parte fija de la tabla
echo " <td width=\"150\"> <center><b> Número
</b></center></td>\n";
echo " <td width=\"150\"> <center><b> Nombre   </b></center></td>\n";
echo " <td width=\"150\"> <center><b> Teléfono
</b></center></td>\n";
// Parte dinámica de la tabla
while ($row=mysql_fetch_row($result))
{
echo " <tr bgcolor=\"#EEEEEE\">\n";
echo "   <td>$row[0]</td>\n";
echo "   <td>$row[1]</td>\n";
echo "   <td>$row[2]</td>\n";
echo " </tr>\n";
```

```
}
echo "</table>\n";
?>
```

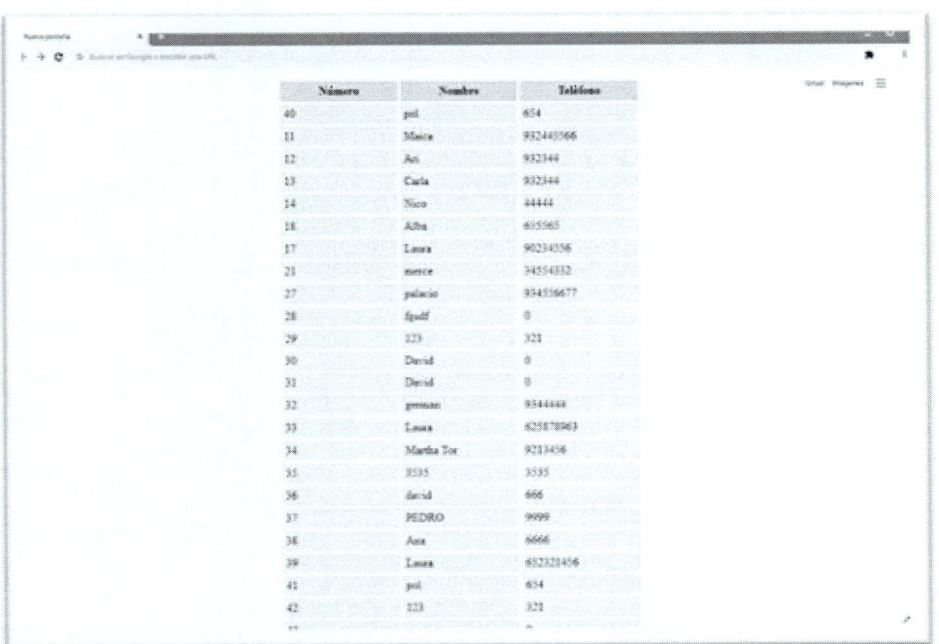

135 – Modificar un registro de una base de datos Mysql

Creamos el "formulario.html":

```html
<html>
<body>
<form method="post" action="modificar.php">
  <div align="center"><span class="Estilo1"><br>
  Modificar Registro de la Base de Datos <br>
  </span><br>
    <table width="322" border="1">
      <tr>
        <th width="312" height="30" bgcolor="#FFFFFF" scope="col"><div
align="left"><span class="Estilo1">Número :<span class="Estilo2">.....</span>
```

```
      <input type="Text" name="id">
    </span></div></th>
  </tr>
  <tr>
    <td><div align="left"><span class="Estilo1">Nombre:<span
class="Estilo2">.......</span>
      <input type="Text" name="nombre">
    </span></div></td>
  </tr>
  <tr>
    <td><div align="left"><span class="Estilo1">Teléfono:<span
class="Estilo2"> ....</span> </span>
        <input type="Text" name="teléfono" id="teléfono">
    </div></td>
  </tr>
  <tr>
    <td><div align="center">
      <p>
        <input type="Submit" name="Modificar" value="Aceptar
Modificaci&oacute;n">
        </p>
    </div></td>
</tr>
  </table>
</div>
</form>
</body>
</html>
```

Creamos el "modificar.php":

```php
<?php
// Modificar registro de una BD
$num = $_POST["num"];
```

```php
$nombre = $_POST["nombre"];
$telefono = $_POST["teléfono"];
echo $telefono;
if (isset($num)){
// conecta con la BD
// Conectamos a la BD
$link = mysql_connect("localhost","nhjukvlb_ejemplo","phpya101","");
mysql_select_db("nhjukvlb_libro101", $link);
$sql = "UPDATE agenda SET nombre='$nombre', telefono='$telefono'
WHERE id=$num";
$result = mysql_query($sql);
}else{
echo "Debe especificar un 'Número'.\n";
}
echo "Los datos se han Modificado con éxito";
?>
```

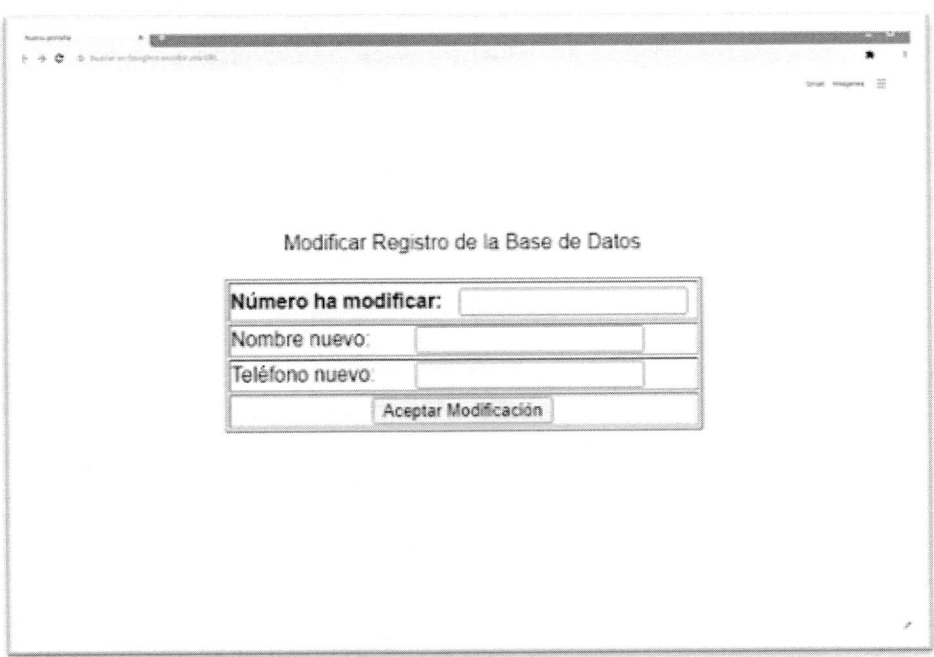

136 – Borrar un registro de una base de datos Mysql

Creamos el "formulario.html":

```html
<html>
<body>
<form method = "GET" action = "borrar.php">
<strong>Palabra clave:</strong>
<input type="borrar" name="borrar" size="20"><br><br>
<input type="submit" value="Buscar">
</form>
</body>
</html>
```

Creamos el "borrar.php":

```php
<?php
// Eliminar un registro - recibo el dato del registro de la BD a eliminar
$borrar = $_GET['borrar'];
$mysqli   =   new   mysqli("localhost",   "nhjukvlb_ejemplo",   "phpya101",
"nhjukvlb_libro101");
// Verificar la conexión
if ($mysqli->connect_errno) {
    echo "Error al conectar con la base de datos: " . $mysqli->connect_error;
    exit;
}

if (isset($borrar)) {
    $sql = "DELETE FROM agenda WHERE id = $borrar";
    if ($mysqli->query($sql)) {
        echo "Los datos se han borrado con éxito";
    } else {
        echo "Error al borrar los datos: " . $mysqli->error;
    }
} else {
    echo "Debe especificar un 'id'.";
}
```

```php
// Cerrar la conexión
$mysqli->close();
?>
```

137 – Subir una imagen a una base de datos Mysql

Creamos el "subir.php":

```html
<form method="post" action="guardar.php" enctype="multipart/form-data">
<p>Nombre:
  <input type="text" name="nombre" maxlength="100">
</p>
<p>Teléfono
  <label for="teléfono"></label>
  <input name="teléfono" type="text" id="teléfono" maxlength="10" />
  </p>
<p><br>
  Imagen: <input type="file" name="imagen" size="40"><br>
</p>
<p><input type="submit" name="submit" value="Subir">
</form>
```

Creamos el "guardar.php":

```php
<?php
// conecta con la BD
$link = mysql_connect("localhost","nhjukvlb_ejemplo","phpya101")or die ("No
se puede conectar al SERVIDOR ");
mysql_select_db("nhjukvlb_libro101", $link)or die ("No se puede conectar a la
Base de Datos");

//recibo datos
$nombre = $_POST["nombre"];
$telefono = $_POST["teléfono"];
// guardo datos
$imagen = addslashes(fread(fopen($imagen, "r"), filesize($imagen)));
```

mysql_query("INSERT INTO agenda (nombre,teléfono,imagen) VALUES ('$nombre','$telefono','$imagen')");
?>Se ha subido la imagen a la base de datos, puedes verla pulsando <a href="ver.php?nombre=<? echo $nombre ?>">aquí</a>

Creamos el ver.php:

```php
<?php
$nombre = $_GET['nombre'];
// conecta con la BD
$link = mysql_connect("localhost","nhjukvlb_ejemplo","phpya101")or die ("No se puede conectar al SERVIDOR ");
mysql_select_db("nhjukvlb_libro101", $link)or die ("No se puede conectar a la Base de Datos");
$query = "SELECT imagen FROM agenda WHERE nombre = '$nombre'";
$result = @MYSQL_QUERY($query);
$imagen = @mysql_result($result,0);
Header( "Content-type: image/jpeg");
echo $imagen;
?>
```

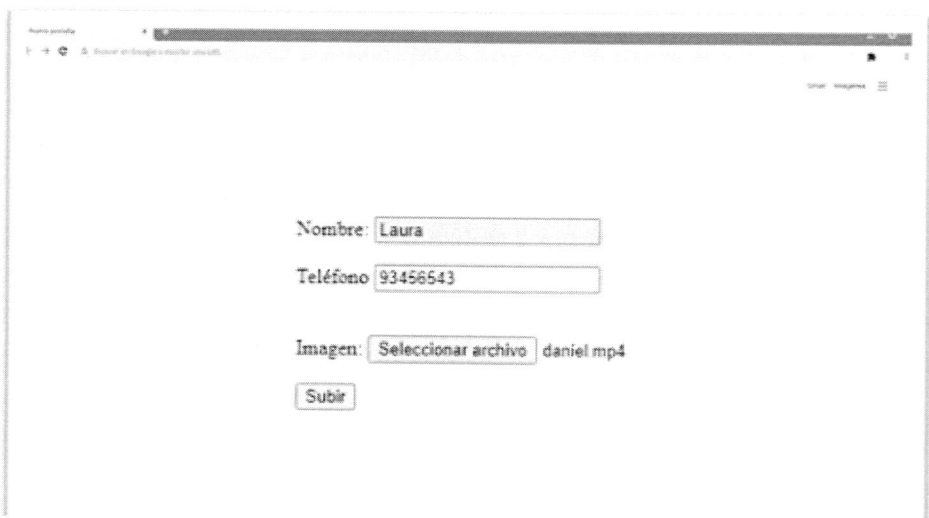

138 – Llenar un comboBox con datos de una base de datos Mysql

Creamos el "combo.php":

```php
<?php
// Nos conectamos a la base de datos
$link = mysql_connect("localhost","nhjukvlb_ejemplo","phpya101","");
mysql_select_db("nhjukvlb_libro101", $link);
mysql_query ("SET NAMES 'utf8'");
$consulta=mysql_query("select id,nombre from agenda",$link) or
die("Problemas en el select:".mysql_error());
// Creamos el campo combo en HTML y enviamos la selección
// al archivo recibido.php
echo '<form name="form1" action="recibidos.php" method="post">';
echo '<select name="miSelect">';
echo '<option value="0">Seleccione </option>';

while($row = mysql_fetch_array($consulta))
{
echo'<OPTION VALUE="'.$row['id'].'">'.$row['nombre'].'</OPTION>';
};
echo '</select>';
echo '<input type="Submit" name="Submit" Value="Enviar" />';
echo '</form>';
mysql_free_result($consulta); // Liberar memoria usada por consulta.
?>
```

Creamos el "recibidos.php":

```php
<?
echo $_POST["miSelect"];
?>
```

139 – Llenar un listBox con datos de una base de datos Mysql

Creamos "listbox.php":

```php
<?php
// Nos conectamos a la BD
$link = mysql_connect("localhost","nhjukvlb_ejemplo","phpya101","");
mysql_select_db("nhjukvlb_libro101", $link);

// Creamos el campo combo en HTML y enviamos la selección
// al archivo recibido.php
//$consulta= mysql_query ("SELECT agenda FROM telefono",$link);
mysql_query ("SET NAMES 'utf8'");
$consulta=mysql_query("select id,nombre from agenda",$link) or
die("Problemas en el select:".mysql_error());
```

```php
echo '<form name="form1" action="datos.php" method="post">';
echo '<select multiple name="miSelect" size="5">';
echo '<option value="0">Seleccione </option>';

//por cada registro encontrado en la tabla me genera un <option>
//while ($rows = mysql_fetch_array($consulta)){
//echo '<option value="'.$rows['error'] . '" >' . $rows['error'].'</option>';
//};

while($row = mysql_fetch_array($consulta))
{
echo'<OPTION VALUE="'.$row['id'].'">'.$row['nombre'].'</OPTION>';
};
//Lo envía al archivo datos.php con el valor del seleccionado de la lista
echo '</select>';
echo '<input type="Submit" name="Submit" Value="Enviar" />';
echo '</form>';
mysql_free_result($consulta); // Liberar memoria usada por consulta.
?>
```

Creamos "datos.php":

```html
<html>
<head>
<meta http-equiv="Content-Type" content="text/html; charset=utf-8" />
<title>Datos recibidos</title>
</head>
DATOS RECIBIDOS DEL FORMULARIO
<?
echo $_POST["miSelect"];
?>
<body>
</body>
</html>
```

140 – Enviar un mail

Creamos "formulario.html":

```
<form name='formulario' id='formulario' method='post' action='mail.php'
target='_self' enctype="multipart/form-data">
    <p>Nombre <input type='text' name='nombre' id='nombre'></p> <!--
Cambiado a 'nombre' -->
    <p>E-mail <input type='text' name='mail' id='mail'></p>
    <p>Mensaje</p>
    <p><textarea name="mensaje" cols="50" rows="10"
id="mensaje"></textarea></p>
    <p><input type='submit' value='Enviar'></p>
</form>
```

Creamos "mail.php":

```
<?php
// Supuesto recibo por POST
$nombre = $_POST["nombre"];
$suscrito = $_POST["mail"];
$mensaje = $_POST["mensaje"];

echo $nombre. "<br>" ." ".$suscrito ." ". "<br> ". $mensaje ."<br>";

// Verificamos que los datos POST se hayan recibido correctamente
if (empty($nombre) || empty($suscrito) || empty($mensaje)) {
    echo "Todos los campos son obligatorios.";
    exit;
}

// La empresa recibe el correo del suscriptor
$destinatario = "pfnredes@gmail.com";
$asunto = "SUSCRIPCIÓN NUEVA - " . $nombre;

// Cabeceras para enviar un correo HTML
$mailheaders = "From: " . $suscrito . "\r\n";
$mailheaders .= "MIME-Version: 1.0\r\n";
$mailheaders .= "Content-Type: text/html; charset=utf-8\r\n";
```

```php
// Construir el mensaje en formato HTML
$mensaje = "<html><body>";
$mensaje .= '<h1 style="color: blue">Nuevo suscrito</h1>';
$mensaje .= '<p>Nombre: ' . $nombre . '</p>';
$mensaje .= '<p>Correo electrónico: ' . $suscrito . '</p>';
$mensaje .= '<p>Mensaje: ' . $mensaje . '</p>';
$mensaje .= "</body></html>";

// Enviar el correo electrónico
if (mail($destinatario, $asunto, $mensaje, $mailheaders)) {
    echo "El correo se ha enviado correctamente.";
} else {
    echo "Hubo un error al enviar el correo.";
}
?>
```

141 – Enviar un mail con archivo adjunto

Creamos "formulario.html":

```html
<form name='formulario' id='formulario' method='post' action='enviar.php'
target='_self' enctype="multipart/form-data">
<p>Nombre <input type='text' name='Nombre' id='Nombre'></p>
<p>E-mail
<input type='text' name='email' id='email'>
</p>
<p>Asunto
<input type='text' name='asunto' id='asunto' />
</p>
<p>Mensaje
<textarea name="mensaje" cols="50" rows="10" id="mensaje"></textarea>
</p>
<p>Adjuntar archivo: <input type='file' name='archivo1' id='archivo1'></p>
<p>
<input type='submit' value='Enviar'>
</p>
</form>
```

Creamos "enviar.php":

```php
<?php
function form_mail($sPara, $sAsunto, $sTexto, $sDe)
{
$bHayFicheros = 0;
$sCabeceraTexto = "";
$sAdjuntos = "";

if ($sDe)$sCabeceras = "From:".$sDe."\n";
else $sCabeceras = "";
$sCabeceras .= "MIME-version: 1.0\n";
foreach ($_POST as $sNombre => $sValor)
$sTexto = $sTexto."\n".$sNombre." = ".$sValor;

foreach ($_FILES as $vAdjunto)
{
  if ($bHayFicheros == 0)
  {
    $bHayFicheros = 1;
    $sCabeceras .= "Content-type: multipart/mixed;";
    $sCabeceras .= "boundary=\"--_Separador-de-mensajes_--\"\n";
    $sCabeceraTexto = "----_Separador-de-mensajes_--\n";
    $sCabeceraTexto .= "Content-type: text/plain;charset=iso-8859-1\n";
    $sCabeceraTexto .= "Content-transfer-encoding: 7BIT\n";

    $sTexto = $sCabeceraTexto.$sTexto;
  }
  if ($vAdjunto["size"] > 0)
  {
    $sAdjuntos .= "\n\n----_Separador-de-mensajes_--\n";
    $sAdjuntos .= "Content-type:
".$vAdjunto["type"].";name=\"".$vAdjunto["name"]."\"\n";;
    $sAdjuntos .= "Content-Transfer-Encoding: BASE64\n";
    $sAdjuntos .= "Content-disposition:
attachment;filename=\"".$vAdjunto["name"]."\"\n\n";
```

```php
$oFichero = fopen($vAdjunto["tmp_name"], 'r');
$sContenido = fread($oFichero, filesize($vAdjunto["tmp_name"]));
$sAdjuntos .= chunk_split(base64_encode($sContenido));
fclose($oFichero);
    }
}
if ($bHayFicheros)
$sTexto .= $sAdjuntos."\n\n----_Separador-de-mensajes_----\n";
return(mail($sPara, $sAsunto, $sTexto, $sCabeceras));
}
//cambiar aquí el email
if (form_mail("pruebasphp@gmail.com", $_POST[asunto],
"Los datos introducidos en el formulario son:\n\n", $_POST[email]))
echo "Su formulario ha sido enviado con éxito";
?>
```

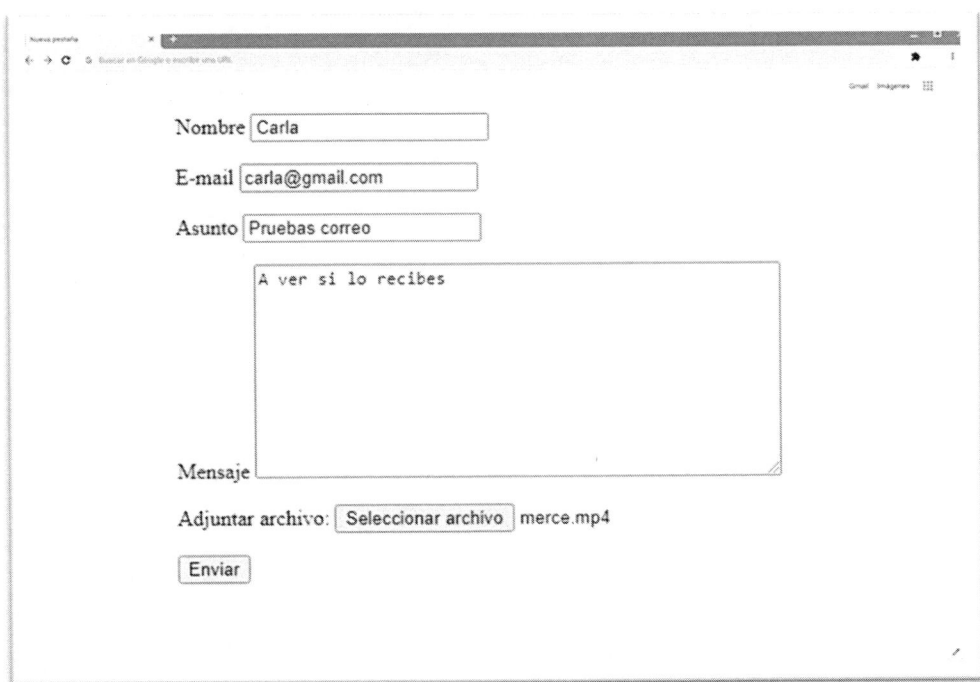

142 – Enviar un mail con un formato HTML y una imagen en el cuerpo

```php
<?php
// Supuesto POST
//$suscrito = $_POST["suscríbete"];

$nombre="Luis Sánchez";
$suscrito = "ptrd@gmail.com";

//******* a GOP recibe mail del suscriptor
$destinatario = "ptrd@gmail.com";
$asunto = "SUSCRIPCIÓN NUEVA - GOP FORMACIÓN";

$mailheaders = "From: ".$suscrito;
$mensaje = "Nuevo suscrito: ".$suscrito." ".$nombre;
mail($destinatario , $asunto , $mensaje , $mailheaders );

//****** al Inscrito GOP le envío un mail de respuesta
$destinatario = $suscrito;
$asunto = "Suscripción al Newsletter de GOP FORMACIÓN";
$header = "From: DP Formació <dp@dpformacio.com>\n";
$header .= "Reply-To: gop@dpformacio.com\n"; //El asunto
$header .= "Content-Type: text/html\n";
$mensaje = "<BR>Gracias por haberte suscrito a nuestro newsletter, en
breve recibirás nuestras promociones y descuentos. <BR>";
//enviar Imagen en el mail html incrustado
$mensaje .= "<br><a
href='http://www.dpformacio.com/webmovil/promociones.php'> <img
src='http://dpformacio.com/webmovil/promociones/promo.jpg'>";
$mensaje .= "<br><a
href='http://www.dpformacio.com/webmovil/promociones.php'> ¿No lo ves
bien? Pulsa aquí para visualizar la promoción<br>";
mail($destinatario , $asunto , $mensaje , $header );
?>
```

143 – MAP - define áreas sensibles en una imagen con link

Copiamos en la carpeta del ejemplo una imagen presentación 1.0.png:

```
<html>
<head>
<meta http-equiv="Content-Type" content="text/html; charset=utf-8" />
<title>Map definir shape</title>
<style type="text/css">
body {
        background-color: #000;
        text-align: center;
}
</style>
</head>
<body>

<p><img src="botones presentación 1.0.png" width="380" height="111"
usemap="#Map">
   <map name="Map">
   <area shape="rect" coords="9,8,127,102"
href="file:///C|/Users/I7/Desktop/ayudarform.html">
   <area shape="rect" coords="254,9,364,101"
href="file:///C|/Users/I7/Desktop/ayudar.html">
    <area shape="rect" coords="132,10,247,101"
href="file:///C|/Users/I7/Desktop/find.html">
   </map>
</p>
</body>
</html>
```

144 – Insertar Google Maps

```html
<html>
<head>
<meta http-equiv="Content-Type" content="text/html; charset=utf-8" />
<title>insertar GoogleMaps en la web</title>
<style type="text/css">
#apDiv1 {
        position:absolute;
        left:166px;
        top:55px;
        width:137px;
        height:216px;
        z-index:1;
}
</style>
</head>

<body>
<div id="apDiv1">

<iframe width="225" height="250" frameborder="1" scrolling="no"
marginheight="0" marginwidth="0"src="https://www.google.com/maps/
embed?pb=!1m18!1m12!1m3!1d11970.558888975233!2d2.164056117
3828234!3d41.4036299!2m3!1f0!2f0!3f0!3m2!1i1024!2i768!4f13.1!3m3
!1m2!1s0x12a4a2dcd83dfb93%3A0x9bd8aac21bc3c950!2sBas%C3%ADli
ca%20de%20la%20Sagrada%20Fam%C3%ADlia!5e0!3m2!1ses!2ses!4v168
4508057872!5m2!1ses!2ses" width="600" height="450" style="border:0;"
allowfullscreen="" loading="lazy" referrerpolicy="no-referrer-when-
downgrade"></iframe>

</div>
</body>
</html>
```

145 – Iniciar la descarga de un archivo en 3 segundos

Colocamos el código y un archivo llamado "archivo.zip" en el servidor:

```
<html>
<head>
<title>Descarga</title>
<META HTTP-EQUIV="Refresh" CONTENT="3; URL=archivo.zip">
</head>
<body>
En 3 segundos comenzará la descarga. Si no empieza, pulsa <a
href='archivo.zip'>aquí</a>
</body>
</html>
```

146 – Menú fijo con el scroll que pasa por debajo.

Copia una imagen llamada "foto.jpg" en la carpeta del ejemplo:

```
<!DOCTYPE html>
<html>
<head>
<meta name="viewport" content="width=device-width, initial-scale=1">
<style>
body {margin:0;}

.navbar {
        overflow: hidden;
        background-color: #06F;
        position: fixed;
        top: 0;
        width: 100%;
}

.navbar a {
  float: left;
  display: block;
  color: #f2f2f2;
  text-align: center;
  padding: 14px 16px;
  text-decoration: none;
  font-size: 17px;
}

.navbar a:hover {
  background: #ddd;
  color: black;
}

.main {
  padding: 16px;
  margin-top: 30px;
  height: 1500px; /* Used in this example to enable scrolling */
}
```

```
</style>
</head>
<body>

<div class="navbar">
 <a href="#home">Inicio</a>
 <a href="#news">News</a>
 <a href="#contact">Contacto</a>
</div>

<div class="main">
 <h1>Menú fijo</h1>
 <h2> Haz Scroll para ver cómo funciona</h2>

 <p><img src="field-grass-.jpg" width="1600" height="900"></p>
</div>

</body>
</html>
```

147 – Ver el sistema operativo desde el que se accede en PHP.

```
<html>
<head>

<meta http-equiv="Content-Type" content="text/html; charset=utf-8" />
<title>Sistema Operativo</title>
</head>

<?php
function detectarSistemaOperativo() {
    $userAgent = $_SERVER['HTTP_USER_AGENT'];
    if (strpos($userAgent, 'Android') !== false) {
        return "Android";
    } elseif (strpos($userAgent, 'iPhone') !== false || strpos($userAgent, 'iPad')
!== false) {
        return "iOS";
    } else {
        return "Sistema operativo desconocido";
    }
}
$sistemaDetectado = detectarSistemaOperativo();
echo "El sistema operativo detectado es: ". $sistemaDetectado;
?>

<body>
</body>
</html>
```

148 – Contador de visitas que se modifica cada vez que se visualiza la página

```
<?php
if (!file_exists("visitas.txt")) {
    $file = fopen("visitas.txt", "w");
```

```php
    $num = 0;
} else {
    $file = fopen("visitas.txt", "r+");
    $num = fgets($file, 20);
}
$num++;
print("Visitas número: " . $num);
fseek($file, 0); // Mover el puntero al inicio del archivo
fputs($file, $num);
fclose($file);
?>
```

149 – Carousel marquee con fichero txt en PHP

Creamos un archivo de texto "noticias.txt" con 3 líneas de texto:

```html
<!DOCTYPE html>
<html lang="en">
<head>
    <meta charset="UTF-8">
    <meta name="viewport" content="width=device-width, initial-scale=1.0">
    <title>Barra de Carrusel</title>

    <style>
        body {
            margin: 0;
            padding: 0;
            font-family: Arial, sans-serif;
        }

        .carousel {
            position: fixed;
            bottom: 0;
            left: 0;
            width: 100%;
            background-color: #333;
```

```css
        color: white;
        white-space: nowrap;
        overflow: hidden;
      }

      .carousel-item {
        display: inline-block;
        padding: 10px 20px;
        animation: marquee 30s linear infinite;
      }
      @keyframes marquee {
        0% {
          transform: translateX(100%);
        }
        100% {
          transform: translateX(-100%);
        }
      }
    }
  </style>
</head>
<body>
  <div class="carousel">

<?php
      $lines = file('noticias.txt'); // Reemplaza con la ruta de tu archivo
                              // de texto
      foreach ($lines as $line) {
        echo '<div class="carousel-item">' . htmlspecialchars($line) . '</div>';
      }
    ?>

  </div>
</body>
</html>
```

150 – Política de cookies

Creamos un archivo "cookie.html":

```html
<html>
<head>
<meta http-equiv="Content-Type" content="text/html; charset=utf-8" />
<title>Documento sin título</title>
<link rel="stylesheet" type="text/css" href="https://cdn.jsdelivr.net/npm/
cookieconsent@3/build/cookieconsent.min.css" />
</head>
<body>
<script>
src="https://cdn.jsdelivr.net/npm/cookieconsent@3/build/cookieconsent.m
in.js" data-cfasync="false"></script>
<script>
window.cookieconsent.initialise({
```

```
  "palette": {
   "popup": {
    "background": "#237afc"
   },
   "button": {
    "background": "#fff",
    "text": "#237afc
        }
  },
  "theme": "classic",
  "type": "opt-in",
  "content": {
   "message": "PPOLT utiliza cookies para garantizar que obtenga la mejor
experiencia en nuestro sitio web.",
   "dismiss": "Entendido",
   "allow": "Permitir cookies",
   "link": "Aprenda más",
   "href": "www.web.com"
  }
});
</script>
</body>
</html>
```

Dado un archivo cuya estructura se describe más abajo, se pide desarrollar un programa para mostrar su contenido por pantalla. Además, se debe actualizar la fecha de último acceso con la fecha del sistema (ver estructura).

Luego, habrá que desarrollar otro programa que interactúe con el usuario para generar un nuevo archivo, con la misma estructura que el anterior y los datos que introduzca el usuario.

Archivo de registros de longitud variable